115 Ejercicios para Aprender a crear Chatbots con Python.

Nivel Básico.

Reinventors Republic.

First paperback edition Jan 2024

Book Design by: Jesús García

ISBN:

Published by Reinventors Republic.

reinventorsrepublic@gmail.com

Contenido

Introducción.

En un mundo donde la interacción digital es fundamental, los chatbots han surgido como una herramienta esencial para mejorar la comunicación entre personas y sistemas, automatizando tareas y permitiendo respuestas rápidas y eficientes. Desde responder preguntas frecuentes hasta actuar como asistentes virtuales, los chatbots están transformando la forma en que empresas y usuarios interactúan.

Este libro está diseñado para ayudarte a dar tus primeros pasos en el desarrollo de chatbots usando Python, un lenguaje de programación conocido por su simplicidad y versatilidad. Con un enfoque práctico, este libro presenta **115 ejercicios de nivel básico** que cubrirán desde los conceptos más fundamentales hasta técnicas básicas de procesamiento de lenguaje natural (NLP), interacción y creación de diálogos. Cada ejercicio está diseñado para construir sobre el anterior, lo que te permitirá desarrollar las habilidades necesarias para crear chatbots funcionales y adaptables.

¿Qué aprenderás?

1. **Fundamentos de Chatbots**: Exploraremos cómo funcionan los chatbots y los conceptos esenciales de la interacción hombre-máquina.

2. **Manejo de Entradas y Respuestas**: Aprenderás a gestionar las respuestas del chatbot de acuerdo con las entradas del usuario.

3. **Introducción al Procesamiento de Lenguaje Natural (NLP)**: Veremos cómo hacer que el chatbot interprete frases sencillas y pueda responder de forma coherente.

4. **Mejoras Básicas de Conversación**: Descubrirás cómo construir diálogos más fluidos y adaptar las respuestas para que sean más naturales.

¿A quién está dirigido este libro?

Este libro es ideal para principiantes en Python que desean aplicar sus conocimientos en proyectos prácticos y aprender las bases del desarrollo de chatbots. No se requieren conocimientos previos de inteligencia artificial o de procesamiento de lenguaje natural, ya que el enfoque es accesible y gradual.

Introducción a los Chatbots

Un chatbot es un programa informático diseñado para simular conversaciones humanas mediante mensajes de texto o voz. Los chatbots funcionan a través de reglas de programación o inteligencia artificial (IA) y pueden interactuar en aplicaciones de mensajería, sitios web y plataformas de redes sociales. Dependiendo de su nivel de complejidad, un chatbot puede responder a preguntas simples mediante frases preprogramadas o entablar conversaciones complejas aprendiendo de las interacciones previas.

Historia y Evolución de los Chatbots

La historia de los chatbots se remonta a la década de 1960, con el primer programa que intentó simular una conversación humana:
ELIZA (1966): Desarrollado por Joseph Weizenbaum, ELIZA fue uno de los primeros programas en simular una conversación con un terapeuta, imitando respuestas de un psicólogo mediante reglas simples. ELIZA no tenía inteligencia en el sentido moderno, pero marcó el inicio de la interacción hombre-máquina.

PARRY (1972): PARRY, desarrollado por Kenneth Colby, fue un programa que simulaba a una persona con esquizofrenia. Tenía una lógica más avanzada que ELIZA, utilizando modelos de creencias y actitudes para simular el pensamiento y el comportamiento de un paciente.

ALICE (1995): Creado por Richard Wallace, ALICE (Artificial Linguistic Internet Computer Entity) utilizaba patrones de conversación más complejos, almacenados en AIML (Artificial Intelligence Markup Language), y sentó las bases para los futuros chatbots basados en patrones.

Jabberwacky (2006): Jabberwacky fue uno de los primeros chatbots diseñados para aprender de sus interacciones con humanos y desarrollar una personalidad conversacional, aunque en un nivel limitado.

Siri, Alexa, Google Assistant y Cortana (2010 en adelante): La evolución de la inteligencia artificial y la disponibilidad de grandes cantidades de datos permitieron que compañías como Apple, Amazon, Google y Microsoft desarrollaran asistentes virtuales avanzados, capaces de responder a preguntas complejas y realizar tareas como enviar mensajes, hacer reservas o reproducir música.

Chatbots basados en IA y aprendizaje profundo: A partir de 2018, los modelos de lenguaje como GPT (Generative Pre-trained Transformer) de OpenAI marcaron un avance significativo en los chatbots, permitiendo conversaciones complejas y generadas de manera contextual. Estos chatbots no solo siguen reglas, sino que pueden aprender de grandes volúmenes de datos para comprender e imitar el lenguaje humano con mayor precisión.

Aplicaciones y Tipos de Chatbots

Los chatbots se dividen en diferentes tipos según su aplicación y diseño: Atención al Cliente: Los chatbots son una herramienta común en el servicio al cliente para responder preguntas frecuentes, guiar a los usuarios a través de procesos de soporte y ayudar a resolver problemas. Ejemplos:

- Responder preguntas sobre productos y servicios.
- Ayudar con la realización de pedidos o devoluciones.
- Ofrecer soporte técnico básico.
- Asistentes Virtuales: Estos chatbots ayudan a los usuarios en su vida diaria mediante tareas prácticas, como recordatorios, reservas o gestión de dispositivos inteligentes. Ejemplos:
  Siri de Apple, Google Assistant y Alexa de Amazon.
- Recordatorios de reuniones y eventos.
- Control de dispositivos IoT en hogares inteligentes.
- Entretenimiento: Chatbots como Replika y Woebot están diseñados para simular conversaciones amigables o proporcionar apoyo emocional. En el ámbito del entretenimiento, los chatbots también pueden:
- Contar chistes o historias.
- Proveer simulaciones de personajes históricos o ficticios para videojuegos.
- Crear conversaciones interactivas para aplicaciones de realidad virtual.

- Educativos: Los chatbots educativos ayudan a los usuarios a aprender sobre temas específicos o les guían a través de conceptos complejos mediante ejercicios y retroalimentación. Ejemplos:
- Tutores de idiomas que simulan conversaciones y corrigen errores.
- Asistentes de matemáticas y ciencia que guían a los estudiantes en la resolución de problemas.
- Programas que ofrecen apoyo en línea a estudiantes mediante guías y recursos.
- Soporte en Recursos Humanos: Estos chatbots agilizan el proceso de recursos humanos en una organización al responder preguntas comunes de empleados, organizar tareas administrativas y coordinar procesos de reclutamiento. Ejemplos:
Asistir en preguntas frecuentes sobre beneficios, políticas y vacaciones.
- Ayudar en la incorporación de nuevos empleados mediante guías y recursos.
- Coordinar entrevistas y proporcionar retroalimentación.
- Beneficios y Desafíos en el Desarrollo de Chatbots
- Desarrollar chatbots implica una serie de ventajas, pero también desafíos que deben superarse para mejorar la calidad de las interacciones.

Beneficios:

- Disponibilidad 24/7: Los chatbots pueden proporcionar soporte en cualquier momento, mejorando la experiencia del usuario sin necesidad de intervención humana constante.
- Reducción de Costos: Al automatizar las tareas repetitivas, los chatbots reducen la necesidad de una gran cantidad de personal en roles de soporte, ayudando a las empresas a reducir costos.
- Respuesta Instantánea: Los chatbots pueden responder al instante, permitiendo a los usuarios resolver sus consultas rápidamente.
- Mejora en la Experiencia del Cliente: Los chatbots ayudan a resolver consultas de los clientes rápidamente, mejorando su satisfacción y lealtad.

- Escalabilidad: Un chatbot bien diseñado puede manejar grandes volúmenes de consultas simultáneamente, sin pérdida de calidad en el servicio.

Desafíos:

- Comprensión del Lenguaje Natural: A pesar de los avances, es difícil para los chatbots entender matices, sarcasmos, expresiones informales y acentos, lo que puede llevar a respuestas inadecuadas o confusas.
- Datos de Entrenamiento y Sesgo: La calidad de los chatbots depende de los datos de entrenamiento. Datos sesgados o limitados pueden dar lugar a respuestas inexactas o parciales.

Privacidad y Seguridad: Los chatbots a menudo manejan información sensible y confidencial de los usuarios. Es crucial proteger estos datos y cumplir con normativas de privacidad, como el GDPR.
Experiencia de Usuario: A menudo, los chatbots básicos pueden frustrar a los usuarios si no comprenden adecuadamente las consultas o si ofrecen respuestas predefinidas y limitadas.
Actualización Continua: Los chatbots necesitan actualización constante en términos de contenido, datos de entrenamiento y habilidades para mantenerse útiles y relevantes en el tiempo.

El mejor lenguaje de programación para desarrollar chatbots depende en gran medida de las necesidades del proyecto, la plataforma donde se desplegará el bot, y la experiencia del desarrollador. Aquí tienes una visión general de los lenguajes más recomendados:

Python:

Es uno de los lenguajes más populares para el desarrollo de chatbots, gracias a su simplicidad, versatilidad y la gran cantidad de bibliotecas y frameworks de procesamiento de lenguaje natural (NLP) como NLTK, SpaCy, y transformers.

Además, Python tiene un fuerte soporte en plataformas como TensorFlow y PyTorch, que permiten crear chatbots basados en inteligencia artificial y machine learning.

JavaScript (Node.js):

Ideal para chatbots que se ejecutarán en entornos web, ya que JavaScript es el lenguaje de la web.
Node.js permite manejar múltiples conexiones simultáneamente, lo cual es útil para bots en aplicaciones en tiempo real. Además, frameworks como Botpress o Microsoft Bot Framework tienen muy buena integración con Node.js.

Java:

Es una opción popular para aplicaciones empresariales, ya que ofrece estabilidad, escalabilidad y seguridad.
Se utiliza frecuentemente en sistemas corporativos y para construir chatbots que se integren con soluciones empresariales a gran escala. También es compatible con el Microsoft Bot Framework.

Mojo:

Aunque es relativamente nuevo, Mojo es prometedor para aplicaciones de IA debido a su eficiencia en computación de alto rendimiento.
Podría ser una opción interesante para crear chatbots que necesiten realizar cálculos rápidos o para integrar chatbots con sistemas de inteligencia artificial avanzados.

Rasa (Framework basado en Python):

Rasa se centra en construir chatbots y asistentes personalizados que pueden trabajar en múltiples plataformas y cumplir con requisitos de privacidad y personalización.
Está pensado para desarrolladores que buscan un control completo del flujo conversacional y se enfoca en aplicaciones de IA y machine learning.

C#:

Este lenguaje es popular para crear chatbots en el ecosistema de Microsoft, ya que el Microsoft Bot Framework es compatible con C# y se integra bien en aplicaciones desarrolladas con tecnologías de Microsoft como Azure.

Conclusión:

Python es ideal si necesitas un chatbot con procesamiento de lenguaje natural avanzado.
Node.js es excelente para bots en tiempo real o con interacciones rápidas en la web.
Mojo puede ser ideal para aplicaciones que requieren alta eficiencia en IA.
Rasa es recomendable si necesitas control total del flujo y quieres una integración avanzada en aplicaciones de IA.
La elección del lenguaje dependerá de la plataforma, el grado de personalización y los requisitos específicos del chatbot.

Memoria actualizada

Para comenzar desde cero en la creación de un chatbot en Python, necesitas instalar algunas herramientas y comprender algunos conceptos clave. Aquí tienes una guía paso a paso para empezar:
1. Instalar Python y un Entorno de Desarrollo (IDE).
2. Asegúrate de tener Python instalado en tu computadora. Puedes descargarlo desde python.org.
3. Elige un IDE como PyCharm, VS Code o Jupyter Notebook, que te permitirá escribir y ejecutar tu código de manera más eficiente.
4. Familiarizarte con Procesamiento de Lenguaje Natural (NLP)
5. La NLP es crucial para comprender y generar texto natural. Revisa algunos conceptos básicos, como tokenización, análisis de sentimientos, y extracción de entidades.
6. No necesitas ser un experto en NLP para empezar, pero una base ayudará mucho en el desarrollo de chatbots.
7. Instalar Librerías y Frameworks
8. Para empezar, instala algunas librerías que simplifican el desarrollo de chatbots en Python:

```
pip install nltk
pip install transformers
pip install flask  # Para construir una API si deseas
desplegar el bot
pip install rasa  # Para asistentes conversacionales más
complejos
```

9. Aprender Librerías Esenciales para Chatbots
10. NLTK (Natural Language Toolkit): útil para tareas básicas de NLP.
11. SpaCy: biblioteca robusta para NLP, muy buena para tareas avanzadas y escalables.

12. Transformers (de Hugging Face): proporciona modelos de IA avanzados (como GPT y BERT) para chatbots inteligentes y más conversacionales.
13. Desarrollar un Bot Sencillo

Comienza con un bot basado en reglas: un bot que responde con respuestas predefinidas a frases específicas. Esto te ayudará a entender el flujo conversacional.

Un bot básico podría parecerse a este código:

```
def chatbot_response(user_input):
    if "hola" in user_input.lower():
        return "¡Hola! ¿En qué puedo ayudarte?"
    elif "adiós" in user_input.lower():
        return "¡Hasta luego!"
    else:
        return "Lo siento, no entendí eso."
```

14. Mejorar el Bot con Procesamiento de Lenguaje Natural
15. Tokenización y preprocesamiento: Aprende a limpiar y tokenizar el texto usando nltk o SpaCy.

16. Modelos de NLP: Integra un modelo de aprendizaje automático como BERT o GPT-2 para mejorar la comprensión y generación de respuestas.
17. Crear un Flujo Conversacional Básico
18. Define un flujo para la conversación: si el bot debe manejar preguntas frecuentes, guiar una conversación o resolver tareas específicas.
19. Rasa: puedes explorar Rasa para diseñar un flujo conversacional más avanzado y manejable.
20. Desplegar el Chatbot
21. Una vez que esté listo, podrías integrarlo en una plataforma como Telegram o Slack, o crear una interfaz simple en una página web usando Flask o Django.
22. Iterar y Mejorar

Analiza las conversaciones y optimiza el bot con nuevas frases y respuestas. También puedes agregar funcionalidades avanzadas, como la generación de respuestas con modelos de lenguaje.

EJERCICIOS.

Ejercicio 1. Ejemplo de Chatbot Básico en Python

Este bot responde a saludos, preguntas sobre su creador y una pregunta genérica sobre el clima.

```
# Función principal del chatbot
def chatbot_response(user_input):
    user_input = user_input.lower()  # Convertir la
entrada del usuario a minúsculas

    # Respuestas predefinidas
    if "hola" in user_input:
        return "¡Hola! ¿Cómo puedo ayudarte?"
    elif "cómo estás" in user_input:
        return "Estoy aquí para ayudarte, ¡gracias por
preguntar!"
```

```python
    elif "quién te creó" in user_input:
        return "Fui creado por un desarrollador de
Python."
    elif "clima" in user_input:
        return "No puedo dar información en tiempo real,
pero puedes consultar una aplicación de clima."
    elif "adiós" in user_input:
        return "¡Hasta luego! Espero haberte ayudado."
    else:
        return "Lo siento, no entendí eso. ¿Puedes
reformular tu pregunta?"

# Ciclo principal del chatbot
print("Chatbot: ¡Hola! Soy tu asistente. Escribe 'adiós'
para terminar la conversación.")
while True:
    # Entrada del usuario
    user_input = input("Tú: ")

    # Salir del chat si el usuario dice 'adiós'
    if user_input.lower() == "adiós":
        print("Chatbot: ¡Hasta luego!")
        break

    # Respuesta del chatbot
    response = chatbot_response(user_input)
    print("Chatbot:", response)
```

Explicación del Código

1. Función chatbot_response: Esta función toma el texto de entrada del usuario y lo convierte en minúsculas para evitar problemas de mayúsculas/minúsculas. Luego, verifica palabras clave en la entrada y devuelve una respuesta predefinida.
2. Ciclo while: Mantiene el chatbot activo, esperando la entrada del usuario hasta que escriba "adiós".

Ejemplo de Conversación

```
Chatbot: ¡Hola! Soy tu asistente. Escribe 'adiós' para
terminar la conversación.
Tú: hola
Chatbot: ¡Hola! ¿Cómo puedo ayudarte?
Tú: quién te creó
Chatbot: Fui creado por un desarrollador de Python.
Tú: cómo está el clima
Chatbot: No puedo dar información en tiempo real, pero
puedes consultar una aplicación de clima.
Tú: adiós
Chatbot: ¡Hasta luego!
```

Este chatbot es muy básico, pero te ofrece una buena base para explorar y agregar más funcionalidades.

Ejercicio 2: Chatbot Basado en Diccionarios de Respuestas

En este ejercicio, el chatbot buscará palabras clave en la entrada del usuario y responderá según las palabras que encuentre. El bot podrá dar respuestas sobre temas como saludos, despedidas, y preguntas sobre su funcionalidad.

Código del Chatbot Basado en Diccionario

```
# Diccionario de respuestas
responses = {
    "hola": "¡Hola! ¿Cómo puedo ayudarte?",
    "adiós": "¡Adiós! Que tengas un buen día.",
    "cómo estás": "Estoy aquí para ayudarte en lo que
necesites.",
    "qué puedes hacer": "Puedo responder preguntas
básicas y tener una conversación contigo.",
    "nombre": "Soy un chatbot de Python creado para
ayudarte.",
}
```

```python
# Función principal del chatbot
def chatbot_response(user_input):
    user_input = user_input.lower()   # Convertir la
entrada del usuario a minúsculas

    # Buscar palabras clave en el diccionario de
respuestas
    for keyword, response in responses.items():
        if keyword in user_input:
            return response

    return "Lo siento, no entiendo tu pregunta. ¿Puedes
reformularla?"

# Ciclo principal del chatbot
print("Chatbot: ¡Hola! Soy tu asistente de chat. Escribe
'adiós' para terminar la conversación.")
while True:
    # Entrada del usuario
    user_input = input("Tú: ")

    # Salir del chat si el usuario dice 'adiós'
    if user_input.lower() == "adiós":
        print("Chatbot: ¡Adiós! Que tengas un buen día.")
        break

    # Respuesta del chatbot
    response = chatbot_response(user_input)
    print("Chatbot:", response)
```

Explicación del Código

- Diccionario responses: Este diccionario asocia palabras clave con respuestas predefinidas. Esto simplifica la lógica, ya que podemos añadir nuevas respuestas al diccionario sin modificar mucho el código.

- Función chatbot_response: La función busca en el user_input la presencia de cada palabra clave del diccionario responses. Si encuentra una coincidencia, devuelve la respuesta asociada; de lo contrario, devuelve una respuesta predeterminada.
- Ciclo while: Permite que el chatbot continúe la conversación hasta que el usuario escriba "adiós".

Ejemplo de Conversación

```
Chatbot: ¡Hola! Soy tu asistente de chat. Escribe 'adiós'
para terminar la conversación.
Tú: hola
Chatbot: ¡Hola! ¿Cómo puedo ayudarte?
Tú: qué puedes hacer
Chatbot: Puedo responder preguntas básicas y tener una
conversación contigo.
Tú: cómo estás
Chatbot: Estoy aquí para ayudarte en lo que necesites.
Tú: nombre
Chatbot: Soy un chatbot de Python creado para ayudarte.
Tú: adiós
Chatbot: ¡Adiós! Que tengas un buen día.
```

Expansión del Ejercicio

Puedes ampliar este chatbot fácilmente añadiendo más palabras clave y respuestas al diccionario responses. Por ejemplo, podrías añadir respuestas sobre temas específicos, como deportes, clima o temas técnicos.

Ejercicio 3: Chatbot con Respuestas Dinámicas y Variadas

En este chatbot, implementaremos un sistema en el que el bot puede elegir entre varias respuestas para cada palabra clave, lo que le dará más dinamismo y hará que la conversación parezca menos repetitiva.

Código del Chatbot con Respuestas Dinámicas

```python
import random

# Diccionario de respuestas con opciones múltiples
responses = {
    "hola": ["¡Hola! ¿Cómo estás?", "¡Hola! Encantado de
hablar contigo.", "Hola, ¿en qué te puedo ayudar?"],
    "adiós": ["¡Hasta luego!", "Adiós, ¡cuídate!", "Nos
vemos, ¡ten un buen día!"],
    "cómo estás": ["Estoy bien, gracias por preguntar.",
"¡Fantástico! ¿Y tú?", "Aquí, listo para ayudarte."],
    "qué puedes hacer": ["Puedo responder preguntas
básicas y tener una conversación contigo.", "Estoy aquí
para ayudarte en lo que necesites.", "Puedo darte
información sobre varios temas."],
    "nombre": ["Soy tu asistente virtual.", "Soy un
chatbot creado en Python.", "Mi nombre es Chatbot, a tu
servicio."],
}

# Función principal del chatbot con respuestas aleatorias
def chatbot_response(user_input):
    user_input = user_input.lower()  # Convertir la
entrada del usuario a minúsculas

    # Buscar palabras clave y elegir una respuesta
aleatoria
    for keyword, possible_responses in responses.items():
        if keyword in user_input:
            return random.choice(possible_responses)

    return "Lo siento, no entiendo tu pregunta. ¿Podrías
intentarlo de nuevo?"

# Ciclo principal del chatbot
print("Chatbot: ¡Hola! Soy tu asistente virtual. Escribe
'adiós' para terminar la conversación.")
while True:
    # Entrada del usuario
```

```
user_input = input("Tú: ")

# Salir del chat si el usuario dice 'adiós'
if user_input.lower() == "adiós":
    print("Chatbot:",
random.choice(responses["adiós"]))
    break

# Respuesta del chatbot
response = chatbot_response(user_input)
print("Chatbot:", response)
```

Explicación del Código

Diccionario responses con múltiples opciones: En lugar de tener una sola respuesta por palabra clave, cada clave en responses tiene una lista de respuestas posibles. Esto permite que el bot elija aleatoriamente una respuesta para añadir variedad.

Función chatbot_response: La función revisa la entrada del usuario en busca de palabras clave, y si encuentra alguna coincidencia, elige una respuesta al azar de la lista correspondiente.

Salida dinámica: Cuando el usuario ingresa "adiós", el bot elige una despedida al azar de la lista de opciones en responses["adiós"], lo cual hace que la despedida también sea variada.

Ejemplo de Conversación

```
Chatbot: ¡Hola! Soy tu asistente virtual. Escribe 'adiós'
para terminar la conversación.
Tú: hola
Chatbot: ¡Hola! Encantado de hablar contigo.
Tú: cómo estás
Chatbot: ¡Fantástico! ¿Y tú?
Tú: qué puedes hacer
Chatbot: Estoy aquí para ayudarte en lo que necesites.
Tú: nombre
```

```
Chatbot: Mi nombre es Chatbot, a tu servicio.
Tú: adiós
Chatbot: Adiós, ¡cuídate!
```

Expansión del Ejercicio

Para hacerlo más robusto, puedes:

- Añadir más palabras clave y respuestas.
- Incorporar funciones que detecten intenciones (por ejemplo, detectar preguntas sobre clima, deporte, noticias, etc.).
- Utilizar librerías de NLP como SpaCy o NLTK para una mejor detección de palabras clave y procesamiento de la entrada del usuario.

Ejercicio 4: Chatbot con Memoria Básica

En este ejercicio, el chatbot aprenderá nuevas respuestas de las entradas del usuario. Si el usuario hace una pregunta que el bot no entiende, puede pedirle al usuario que proporcione una respuesta y la guardará en su "memoria". Así, cada vez que el usuario haga la misma pregunta, el bot podrá responder correctamente.

Código del Chatbot con Memoria Básica

```
# Diccionario de respuestas iniciales
responses = {
    "hola": "¡Hola! ¿Cómo estás?",
    "adiós": "¡Adiós! Que tengas un buen día.",
    "cómo estás": "Estoy bien, gracias por preguntar.",
}

# Función para obtener una respuesta del chatbot
def chatbot_response(user_input):
    user_input = user_input.lower()  # Convertir la
entrada del usuario a minúsculas
```

```python
    # Verificar si la entrada del usuario ya tiene una
respuesta en memoria
    if user_input in responses:
        return responses[user_input]
    else:
        # Si el bot no sabe la respuesta, pide al usuario
una nueva
        new_response = input("Chatbot: No sé cómo
responder a eso. ¿Qué debería responder en este caso? ")
        responses[user_input] = new_response  # Guarda la
nueva respuesta
        return "Gracias, ahora aprendí algo nuevo."

# Ciclo principal del chatbot
print("Chatbot: ¡Hola! Soy tu asistente con memoria.
Escribe 'adiós' para terminar la conversación.")
while True:
    # Entrada del usuario
    user_input = input("Tú: ")

    # Salir del chat si el usuario dice 'adiós'
    if user_input.lower() == "adiós":
        print("Chatbot: ¡Adiós! Que tengas un buen día.")
        break

    # Respuesta del chatbot
    response = chatbot_response(user_input)
    print("Chatbot:", response)
```

Explicación del Código

1. Diccionario responses inicial: Contiene respuestas predefinidas para algunas preguntas básicas. A medida que el chatbot "aprende" de las respuestas proporcionadas por el usuario, irá ampliando este diccionario.

2. Función chatbot_response: Comprueba si la entrada del usuario ya tiene una respuesta en el diccionario. Si no la encuentra, pide al

usuario que proporcione una respuesta, la almacena y agradece al usuario.

3. **Memorización dinámica:** Cada vez que el usuario introduce algo nuevo, el chatbot guarda esa pregunta y respuesta en el diccionario responses, permitiéndole recordar la información en futuras interacciones.

Ejemplo de Conversación

```
Chatbot: ¡Hola! Soy tu asistente con memoria. Escribe
'adiós' para terminar la conversación.
Tú: hola
Chatbot: ¡Hola! ¿Cómo estás?
Tú: cuál es tu nombre
Chatbot: No sé cómo responder a eso. ¿Qué debería
responder en este caso?
Tú: Me llamo Chatbot
Chatbot: Gracias, ahora aprendí algo nuevo.
Tú: cuál es tu nombre
Chatbot: Me llamo Chatbot
Tú: adiós
Chatbot: ¡Adiós! Que tengas un buen día.
```

Expansión del Ejercicio

1. **Persistencia de memoria:** Podrías guardar las respuestas aprendidas en un archivo (como un archivo JSON o CSV) para que el bot recuerde incluso después de que el programa se cierre.
2. **Manejo de sinónimos:** Implementa una detección de sinónimos para que el bot pueda reconocer diferentes formas de hacer la misma pregunta.
3. **Gestión de preguntas ambiguas:** Puedes mejorar el código para manejar múltiples respuestas posibles a una sola pregunta.

Ejercicio 5: Chatbot con Detección de Intenciones

En este ejercicio, el chatbot clasificará la intención de la entrada del usuario en categorías, como saludo, despedida, pregunta sobre el clima, o consulta de nombre. Dependiendo de la intención detectada, el chatbot seleccionará una respuesta adecuada.

Código del Chatbot con Detección de Intenciones

```
Import random

# Diccionario de intenciones y sus palabras clave
intent_keywords = {
    "saludo": ["hola", "buenos días", "buenas tardes",
"saludos"],
    "despedida": ["adiós", "hasta luego", "nos vemos",
"chau"],
    "clima": ["clima", "tiempo", "temperatura"],
    "nombre": ["nombre", "cómo te llamas", "quién eres"],
}

# Diccionario de respuestas para cada intención
intent_responses = {
    "saludo": ["¡Hola! ¿Cómo puedo ayudarte?", "¡Buenos
días!", "¡Hola! Encantado de saludarte."],
    "despedida": ["¡Hasta luego!", "Adiós, cuídate.",
"¡Nos vemos!"],
    "clima": ["No tengo información actual del clima,
pero puedes consultar una aplicación de clima.", "Lo
siento, no puedo dar el pronóstico del tiempo."],
    "nombre": ["Me llamo Chatbot.", "Soy un asistente
virtual creado en Python.", "Puedes llamarme Chatbot."]
}

# Función para detectar intención basada en palabras
clave
def detect_intent(user_input):
```

```python
    user_input = user_input.lower()  # Convertir la
entrada del usuario a minúsculas

    for intent, keywords in intent_keywords.items():
        if any(keyword in user_input for keyword in
keywords):
            return intent
    return None

# Función para generar la respuesta del chatbot
def chatbot_response(user_input):
    intent = detect_intent(user_input)  # Detectar la
intención de la entrada del usuario

    if intent:
        # Selecciona una respuesta aleatoria de acuerdo a
la intención detectada
        return random.choice(intent_responses[intent])
    else:
        return "Lo siento, no entiendo tu pregunta.
¿Podrías ser más específico?"

# Ciclo principal del chatbot
print("Chatbot: ¡Hola! Soy tu asistente de intenciones.
Escribe 'adiós' para terminar la conversación.")
while True:
    # Entrada del usuario
    user_input = input("Tú: ")

    # Salir del chat si el usuario dice 'adiós' o una
despedida reconocida
    if detect_intent(user_input) == "despedida":
        print("Chatbot:",
random.choice(intent_responses["despedida"]))
        break

    # Respuesta del chatbot
    response = chatbot_response(user_input)
```

```
print("Chatbot:", response)
```

Explicación del Código

1. Diccionario intent_keywords: Define las palabras clave para cada intención. Esto permite al bot identificar el tipo de pregunta que hace el usuario.
2. Diccionario intent_responses: Asocia cada intención con una lista de posibles respuestas. El bot seleccionará aleatoriamente una de estas respuestas para añadir variedad.
3. Función detect_intent: Revisa si alguna palabra clave de una intención específica está en la entrada del usuario. Si encuentra una coincidencia, devuelve la intención correspondiente.
4. Función chatbot_response: Llama a detect_intent y utiliza la intención detectada para seleccionar una respuesta adecuada.
5. Ciclo principal: Permite que el chatbot siga funcionando hasta que se detecte una despedida, momento en el cual se sale del bucle y termina la conversación.

Ejemplo de Conversación

```
Chatbot: ¡Hola! Soy tu asistente de intenciones. Escribe
'adiós' para terminar la conversación.
Tú: hola
Chatbot: ¡Hola! Encantado de saludarte.
Tú: cuál es tu nombre
Chatbot: Me llamo Chatbot.
Tú: cómo está el clima
Chatbot: Lo siento, no puedo dar el pronóstico del
tiempo.
Tú: adiós
Chatbot: ¡Nos vemos!
```

Expansión del Ejercicio

1. Nuevas Intenciones: Añade más intenciones como consultas sobre deportes, noticias, o chistes para hacer el bot más versátil.

2. Mejora en la detección de intenciones: Usa procesamiento de lenguaje natural (NLP) con librerías como SpaCy o NLTK para entender mejor las frases y detectar sinónimos.
3. Soporte multilingüe: Agrega detección de intenciones en otros idiomas para hacer el bot multilingüe.

Este chatbot con detección de intenciones es un paso más avanzado y añade flexibilidad a la interacción, haciéndola más realista y contextual.

Ejercicio 6: Chatbot de Preguntas Frecuentes (FAQ)

Este chatbot utilizará la similitud de textos para identificar la pregunta que mejor se ajusta a la consulta del usuario. Usaremos la distancia de similitud de palabras para encontrar coincidencias cercanas en el texto. En este caso, la similitud se mide utilizando la distancia de Jaccard, pero puedes usar otros métodos para mejorar la precisión en aplicaciones más avanzadas.

Código del Chatbot de FAQ con Distancia de Jaccard

```
from collections import Counter

# Diccionario de preguntas frecuentes y respuestas
correspondientes
faq_responses = {
    "cómo puedo restablecer mi contraseña": "Para
restablecer tu contraseña, ve a la página de inicio de
sesión y selecciona 'Olvidé mi contraseña'.",
    "cuál es el horario de atención al cliente": "Nuestro
horario de atención es de lunes a viernes de 9 a.m. a 5
p.m.",
    "cómo puedo hacer un seguimiento de mi pedido":
"Puedes hacer el seguimiento de tu pedido ingresando el
número de seguimiento en nuestra página web.",
    "dónde están ubicados": "Nuestra oficina principal
está en Madrid, España.",
```

```python
    "cómo puedo contactar con soporte técnico": "Puedes
contactarnos a través del correo soporte@empresa.com o
llamando al número 123-456-789."
}

# Función para calcular la similitud de Jaccard
def jaccard_similarity(query, reference):
    query_set = set(query.split())
    reference_set = set(reference.split())
    intersection = query_set.intersection(reference_set)
    union = query_set.union(reference_set)
    return len(intersection) / len(union)

# Función para encontrar la pregunta más similar
def find_best_match(user_input):
    best_match = None
    highest_similarity = 0

    for question in faq_responses.keys():
        similarity = jaccard_similarity(user_input,
question)
        if similarity > highest_similarity:
            highest_similarity = similarity
            best_match = question

    return best_match if highest_similarity >= 0.5 else
None   # Umbral de similitud mínimo

# Función para obtener la respuesta del chatbot
def chatbot_response(user_input):
    best_match = find_best_match(user_input.lower())

    if best_match:
        return faq_responses[best_match]
    else:
        return "Lo siento, no tengo una respuesta para
esa pregunta. ¿Podrías intentar de nuevo o formularla de
otra manera?"
```

```
# Ciclo principal del chatbot
print("Chatbot: ¡Hola! Soy el asistente de preguntas
frecuentes. Escribe 'adiós' para terminar la
conversación.")
while True:
    # Entrada del usuario
    user_input = input("Tú: ")

    # Salir del chat si el usuario dice 'adiós'
    if user_input.lower() == "adiós":
        print("Chatbot: ¡Hasta luego! Espero haberte
ayudado.")
        break

    # Respuesta del chatbot
    response = chatbot_response(user_input)
    print("Chatbot:", response)
```

Explicación del Código

1. Diccionario faq_responses: Contiene preguntas frecuentes y sus respuestas.
2. Función jaccard_similarity: Calcula la similitud entre dos frases utilizando la distancia de Jaccard, que compara la cantidad de palabras compartidas entre el input y cada pregunta frecuente.
3. Función find_best_match: Encuentra la pregunta en faq_responses que es más similar a la pregunta del usuario.
4. Función chatbot_response: Llama a find_best_match para obtener la respuesta correspondiente, o informa al usuario si no tiene una respuesta para su pregunta.
5. Umbral de similitud: La similitud mínima (0.5) asegura que solo se seleccionen respuestas si las preguntas son razonablemente parecidas.

Ejemplo de Conversación

```
Chatbot: ¡Hola! Soy el asistente de preguntas frecuentes.
Escribe 'adiós' para terminar la conversación.
Tú: cómo cambio mi contraseña
Chatbot: Para restablecer tu contraseña, ve a la página
de inicio de sesión y selecciona 'Olvidé mi contraseña'.
Tú: cuál es el horario de atención
Chatbot: Nuestro horario de atención es de lunes a
viernes de 9 a.m. a 5 p.m.
Tú: adiós
Chatbot: ¡Hasta luego! Espero haberte ayudado.
```

Expansión del Ejercicio

1. Optimización del Algoritmo de Similitud: Puedes probar con otras técnicas de similitud como Cosine Similarity o TF-IDF para una precisión mayor.
2. Manejo de Sinonimia: Añadir detección de sinónimos (por ejemplo, usando una librería de NLP) para mejorar la comprensión.
3. Persistencia de Datos: Guardar las preguntas y respuestas en un archivo para que se puedan actualizar sin modificar el código.

Ejercicio 7: Chatbot de Encuesta o Diagnóstico Básico

Este chatbot realizará una serie de preguntas secuenciales. Las preguntas cambian en función de las respuestas del usuario, lo cual puede ser útil para aplicaciones como encuestas, diagnósticos de atención al cliente, o incluso soporte técnico básico.

Código del Chatbot de Encuesta

```
# Diccionario que almacena las preguntas y posibles
respuestas
conversation_flow = {
    "start": {
        "question": "¡Hola! ¿En qué puedo ayudarte hoy?
(elige: 'soporte', 'información' o 'otro')",
        "responses": {
```

```
            "soporte": "support_issue",
            "información": "info_request",
            "otro": "end_conversation"
        }
    },
    "support_issue": {
        "question": "¿Qué tipo de problema tienes?
(elige: 'técnico', 'cuenta' o 'pago')",
        "responses": {
            "técnico": "technical_help",
            "cuenta": "account_help",
            "pago": "payment_help"
        }
    },
    "info_request": {
        "question": "¿Qué tipo de información necesitas?
(elige: 'productos', 'servicios' o 'precios')",
        "responses": {
            "productos": "product_info",
            "servicios": "service_info",
            "precios": "pricing_info"
        }
    },
    "technical_help": {
        "question": "Para ayuda técnica, visita nuestro
centro de ayuda o contáctanos por correo. ¿Puedo ayudarte
con algo más?",
        "responses": {
            "sí": "start",
            "no": "end_conversation"
        }
    },
    "account_help": {
        "question": "Para problemas de cuenta, por favor
restablece tu contraseña o contáctanos. ¿Puedo ayudarte
con algo más?",
        "responses": {
            "sí": "start",
```

```json
            "no": "end_conversation"
        }
    },
    "payment_help": {
        "question": "Para consultas de pago, revisa la
sección de facturación en tu cuenta. ¿Puedo ayudarte con
algo más?",
        "responses": {
            "sí": "start",
            "no": "end_conversation"
        }
    },
    "product_info": {
        "question": "Nuestros productos incluyen software
y hardware. ¿Puedo ayudarte con algo más?",
        "responses": {
            "sí": "start",
            "no": "end_conversation"
        }
    },
    "service_info": {
        "question": "Ofrecemos servicios de soporte
técnico y consultoría. ¿Puedo ayudarte con algo más?",
        "responses": {
            "sí": "start",
            "no": "end_conversation"
        }
    },
    "pricing_info": {
        "question": "Nuestros precios varían según el
producto y servicio. ¿Puedo ayudarte con algo más?",
        "responses": {
            "sí": "start",
            "no": "end_conversation"
        }
    },
    "end_conversation": {
```

```python
        "question": "¡Gracias por comunicarte con
nosotros! Que tengas un buen día.",
        "responses": {}
    }
}

# Función para manejar la conversación
def chatbot_flow():
    current_state = "start"

    while current_state != "end_conversation":
        # Obtener la pregunta actual y mostrarla al
usuario
        question =
conversation_flow[current_state]["question"]
        print("Chatbot:", question)

        # Entrada del usuario
        user_input = input("Tú: ").lower()

        # Obtener las posibles respuestas para el estado
actual
        responses =
conversation_flow[current_state]["responses"]

        # Verificar si la respuesta del usuario está
entre las opciones
        if user_input in responses:
            current_state = responses[user_input]
        else:
            print("Chatbot: Lo siento, no entendí tu
respuesta. Por favor elige una de las opciones
proporcionadas.")

    # Mensaje de despedida
    print("Chatbot:",
conversation_flow["end_conversation"]["question"])
```

```
# Ejecutar el chatbot
print("Bienvenido al asistente interactivo. Responde con
las opciones dadas para continuar.")
chatbot_flow()
```

Explicación del Código

1. Diccionario conversation_flow: Define el flujo de la conversación, almacenando cada estado con su pregunta correspondiente y las opciones de respuesta. Cada respuesta dirige al usuario a un nuevo estado de la conversación.
2. Función chatbot_flow: Controla el flujo de la conversación. Inicia en el estado "start" y navega según las respuestas del usuario. Cambia de estado en función de la respuesta proporcionada por el usuario.
3. Manejo de Errores de Entrada: Si el usuario introduce algo fuera de las opciones dadas, el bot indica que no ha entendido y pide que elija entre las opciones disponibles.

Ejemplo de Conversación

```
Bienvenido al asistente interactivo. Responde con las
opciones dadas para continuar.
Chatbot: ¡Hola! ¿En qué puedo ayudarte hoy? (elige:
'soporte', 'información' o 'otro')
Tú: soporte
Chatbot: ¿Qué tipo de problema tienes? (elige: 'técnico',
'cuenta' o 'pago')
Tú: técnico
Chatbot: Para ayuda técnica, visita nuestro centro de
ayuda o contáctanos por correo. ¿Puedo ayudarte con algo
más?
Tú: no
Chatbot: ¡Gracias por comunicarte con nosotros! Que
tengas un buen día.
```

Expansión del Ejercicio

1. Nuevas Opciones: Agrega más ramas o detalles en las respuestas para hacer el flujo de conversación más complejo.
2. Persistencia de Conversación: Guarda el progreso del usuario en un archivo para permitir que la conversación continúe si se interrumpe.
3. Interfaz Gráfica: Implementa el chatbot en una interfaz gráfica usando Tkinter o Flask para simular una experiencia más realista.

Ejercicio 8: Chatbot utilizando biblioteca NLTK

Aquí tienes un ejemplo básico de un chatbot en Python utilizando la biblioteca NLTK (Natural Language Toolkit):

```python
import nltk

from nltk.chat.util import Chat, reflections

pairs = [
    [
        r'my name is (.*)',
        ['Hello %1, How are you today ?',]
    ],
    [
        r'what is your name ?',
        ['My name is Chatty and I am a chatbot !']
    ],
    [
        r'how are you ?',
        ['I\'m fine, thank you! How about you?',]
    ],
    [
        r'i am fine',
        ['It is good to hear that',]
    ],
    [
        r'exit',
        ['Bye! take care.']
```

```
    ],
    [
        r'(.*)',
        ['Sorry, I did not understand you']
    ],
]

print("Hi, I'm Chatty and I'm a chatbot !")
chat = Chat(pairs, reflections)
chat.converse()
```

Explicación del código:

1. Importación de bibliotecas:
2. nltk: Biblioteca para el procesamiento del lenguaje natural.
3. chat.util: Módulo específico para crear chatbots.
4. Definición de pares de preguntas y respuestas:
   La lista pairs contiene pares de expresiones regulares y respuestas.
5. La expresión regular (.*) captura cualquier texto.
6. El número entre paréntesis (%1) se utiliza para referenciar el texto capturado en la respuesta.

Creación del chatbot:

Chat(pairs, reflections) crea un objeto de chat con los pares de preguntas y respuestas definidos y un diccionario de reflexiones para manejar variaciones en las frases.

Inicio de la conversación:

1. chat.converse() inicia el diálogo interactivo entre el usuario y el chatbot.
2. Cómo funciona:
   - El usuario escribe una frase.
   - El chatbot compara la frase con las expresiones regulares definidas en pairs.
   - Si encuentra una coincidencia, responde con la respuesta correspondiente.

- Si no encuentra ninguna coincidencia, responde con una respuesta por defecto.
-

Limitaciones:

- Este chatbot es muy básico y tiene un alcance limitado.
- No entiende el contexto de la conversación.
- No aprende de las interacciones.

Ejercicio 9: Respuestas Predefinidas por Palabras Clave

Crea un chatbot que responda según las palabras clave detectadas en la entrada del usuario. El bot debe tener respuestas prediseñadas para ciertas palabras clave comunes, como "hola", "ayuda", "gracias", y "adiós". Si el usuario menciona una palabra clave, el bot le da una respuesta específica. Si no se encuentra nInguna palabra clave, el bot da una respuesta general.

Objetivos:

- Detectar palabras clave en la entrada del usuario.
- Responder con frases predefinidas.
-

Ejemplo de código inicial:

```
responses = {
    "hola": "¡Hola! ¿En qué puedo ayudarte?",
    "ayuda": "Estoy aquí para ayudarte. ¿Qué necesitas?",
    "gracias": "¡De nada! ¿En qué más puedo ayudarte?",
    "adiós": "¡Hasta luego! Que tengas un buen día."
}

def chatbot(user_input):
    for keyword in responses:
        if keyword in user_input.lower():
            return responses[keyword]
    return "Lo siento, no entiendo tu mensaje. ¿Podrías
reformularlo?"
```

```
# Ciclo de conversación
print("Chatbot: ¡Hola! Soy tu asistente.")
while True:
    user_input = input("Tú: ")
    if user_input.lower() == "adiós":
        print("Chatbot: ¡Hasta luego!")
        break
    print("Chatbot:", chatbot(user_input))
```

Ejercicio 10: Chatbot Calculadora

Crea un chatbot que pueda realizar operaciones matemáticas básicas. Este chatbot debe preguntar qué tipo de operación desea realizar el usuario (suma, resta, multiplicación, división) y luego solicitar los números para realizar la operación.

Objetivos:

- Procesar y validar entrada de números y operaciones.
- Retornar el resultado de una operación matemática básica.

Ejemplo de código inicial:

```
def calculator_bot():

    print("Chatbot: Hola, puedo ayudarte a realizar
operaciones matemáticas. (suma, resta, multiplicación,
división)")
    operation = input("Chatbot: ¿Qué operación quieres
hacer?: ").lower()

    if operation in ["suma", "resta", "multiplicación",
"división"]:
        num1 = float(input("Chatbot: Ingresa el primer
número: "))
```

```
            num2 = float(input("Chatbot: Ingresa el segundo
número: "))

        if operation == "suma":
            result = num1 + num2
        elif operation == "resta":
            result = num1 - num2
        elif operation == "multiplicación":
            result = num1 * num2
        elif operation == "división":
            if num2 != 0:
                result = num1 / num2
            else:
                return "Chatbot: No se puede dividir
entre cero."
        return f"Chatbot: El resultado de la {operation}
es {result}."
    else:
        return "Chatbot: Lo siento, no reconozco esa
operación."

# Ejecutar el chatbot de calculadora
print(calculator_bot())
```

Ejercicio 11: Chatbot de Clima Simulado

Crea un chatbot que pueda dar información climática simulada. El usuario debe preguntar el clima en una ciudad específica y el bot responderá con una respuesta ficticia. Esto te ayudará a simular un sistema de consulta.

Objetivos:

- Identificar el nombre de la ciudad en la entrada del usuario.
- Responder con información climática ficticia.

Ejemplo de código inicial:

```python
def weather_bot(user_input):
    cities = ["paris", "madrid", "tokio"]
    city_found = False

    for city in cities:
        if city in user_input.lower():
            city_found = city
            break

    if city_found:
        return f"Chatbot: El clima en
{city_found.capitalize()} es soleado y 20°C."
    else:
        return "Chatbot: Lo siento, no tengo información
para esa ciudad."

# Ciclo de conversación
print("Chatbot: ¡Hola! Pregúntame sobre el clima en
alguna ciudad.")
while True:
    user_input = input("Tú: ")
    if user_input.lower() == "adiós":
        print("Chatbot: ¡Hasta luego!")
        break
    print("Chatbot:", weather_bot(user_input))
```

Ejercicio 12: Chatbot de Consejos de Bienestar

Crea un chatbot que dé consejos básicos de bienestar. El bot debe responder con diferentes recomendaciones basadas en palabras clave como "ejercicio", "alimentación", "estrés", y "sueño". Este ejercicio te ayudará a practicar la generación de respuestas en función de temas específicos.
Objetivos:

- Detectar palabras clave relacionadas con bienestar.
- Dar recomendaciones adecuadas.

Ejemplo de código inicial:

```python
wellness_tips = {
    "ejercicio": "Recuerda hacer ejercicio al menos 30
minutos al día para mantenerte en forma.",
    "alimentación": "Come una dieta equilibrada con
frutas, verduras y proteínas.",
    "estrés": "Practica técnicas de respiración o
meditación para reducir el estrés.",
    "sueño": "Intenta dormir entre 7-8 horas para un buen
descanso."
}

def wellness_bot(user_input):
    for topic in wellness_tips:
        if topic in user_input.lower():
            return wellness_tips[topic]
    return "Chatbot: Lo siento, no tengo consejos sobre
ese tema."

# Ciclo de conversación
print("Chatbot: ¡Hola! Pregúntame sobre bienestar:
ejercicio, alimentación, estrés o sueño.")
while True:
    user_input = input("Tú: ")
    if user_input.lower() == "adiós":
        print("Chatbot: ¡Hasta luego!")
        break
    print("Chatbot:", wellness_bot(user_input))
```

Ejercicio 13: Chatbot de Trivia

Crea un chatbot que haga preguntas de trivia y verifique las respuestas del usuario. Este chatbot seleccionará una pregunta de trivia y luego evaluará si la respuesta del usuario es correcta o incorrecta.

Objetivos:

- Seleccionar preguntas de trivia de un conjunto predefinido.
- Validar la respuesta del usuario.

Ejemplo de código inicial:

```python
trivia_questions = {
    "¿Cuál es la capital de Francia?": "parís",
    "¿Quién pintó la Mona Lisa?": "leonardo da vinci",
    "¿Cuál es el planeta más grande del sistema solar?":
"júpiter"
}

def trivia_bot():
    question, answer = trivia_questions.popitem()  #
Extrae una pregunta
    print("Chatbot:", question)
    user_answer = input("Tú: ").lower()

    if user_answer == answer:
        return "Chatbot: ¡Correcto!"
    else:
        return f"Chatbot: Incorrecto, la respuesta
correcta es {answer.capitalize()}."

# Ejecutar el chatbot de trivia
print(trivia_bot())
```

Ejercicios para practicar.

Ejercicio 14: Chatbot Calculadora

Crea un chatbot que actúe como una calculadora básica, capaz de realizar operaciones de suma, resta, multiplicación y división. El usuario deberá escribir las operaciones en un formato sencillo, como "5 + 3" o "10 / 2".

Pistas:

- Usa split() para dividir la entrada del usuario en números y operador.
- Convierte los números a float o int para realizar las operaciones.
- Crea funciones separadas para cada operación y llama a la función adecuada según el operador introducido por el usuario.

Ejercicio 15: Chatbot de Clima Simulado

Simula un chatbot que proporciona información meteorológica básica. Este bot debería responder con mensajes del tipo "Hoy está soleado", "La temperatura actual es de 25°C" o "Va a llover esta tarde".

Pistas:

- Usa respuestas predefinidas para cada tipo de pregunta, como "¿Qué tiempo hace hoy?" o "¿Cuál es la temperatura?".
- Define varias respuestas aleatorias para preguntas similares para hacerlo más dinámico.
- Usa random.choice() para seleccionar aleatoriamente las respuestas.

Ejercicio 16: Chatbot de Recordatorios

Crea un chatbot que permita al usuario establecer recordatorios simples. Por ejemplo, el usuario puede escribir "recuérdame beber agua en 30 minutos", y el chatbot confirmará el recordatorio.

Pistas:

- Usa re.search() para identificar la estructura "recuérdame... en X minutos".
- Extrae el tiempo en minutos y guarda los recordatorios en una lista o diccionario.
- Simula la función de recordatorio (no es necesario temporizador real; solo guarda el recordatorio y responde al usuario).

Ejercicio 17: Chatbot de Trivia

Desarrolla un chatbot de trivia que haga preguntas al usuario y valide sus respuestas. Puedes incluir una serie de preguntas de opción múltiple y mostrar la puntuación final al usuario.

Pistas:

- Define un conjunto de preguntas en un diccionario, donde las claves son las preguntas y los valores son listas con respuestas.
- Presenta una pregunta al azar y verifica si la respuesta del usuario es correcta.
- Lleva un conteo de puntos y muestra el puntaje final al finalizar el juego.

Ejercicio 18: Chatbot de Adivinanzas

Crea un chatbot que juegue a las adivinanzas con el usuario. El chatbot dará una pista, y el usuario deberá adivinar. Si el usuario falla, el chatbot da otra pista.

Pistas:

- Usa un diccionario con adivinanzas como claves y pistas como valores (con varias pistas para cada adivinanza).
- Aumenta la dificultad con cada pista hasta revelar la respuesta final.
- Responde si el usuario adivina correctamente, o permite intentos adicionales si no acierta.

Ejercicio 19: Chatbot Diario

Crea un chatbot que actúe como un diario. El usuario puede contarle al chatbot sobre su día, y el bot responderá con frases motivadoras o preguntas de seguimiento.

Pistas:

- Diseña respuestas simples como "¿Qué más sucedió?", "¡Eso suena interesante!" o "¿Cómo te hizo sentir eso?".
- Almacena las entradas en un archivo de texto para simular un registro.
- Dale respuestas variativas para hacerlo más interactivo y humano.

Ejercicio 20: Chatbot Conversacional con Nombres

Desarrolla un chatbot que recuerde el nombre del usuario y lo use durante la conversación. El bot puede empezar preguntando el nombre y luego usarlo para hacer que las respuestas sean más personalizadas.

Pistas:

- Solicita el nombre al inicio de la conversación y guarda esta información en una variable.
- Usa el nombre en tus respuestas para crear una experiencia más personalizada.
- Usa funciones para actualizar el nombre si el usuario lo corrige.

Ejercicio 21: Chatbot que Responde Según el Estado de Ánimo

Crea un chatbot que responda de manera diferente según el estado de ánimo del usuario. El usuario podría escribir cosas como "estoy feliz", "me siento triste", y el bot responderá con mensajes acorde al estado de ánimo.

Pistas:

- Define un conjunto de palabras clave para cada estado de ánimo: "feliz", "triste", "estresado", "emocionado", etc.
- Utiliza un diccionario donde cada estado de ánimo tiene respuestas adecuadas.

- Busca palabras clave en el mensaje del usuario para decidir la respuesta del bot.

Ejercicio 22: Chatbot de Consejos de Salud

Desarrolla un chatbot que ofrezca consejos de salud básicos. El usuario puede hacer preguntas como "¿qué puedo hacer para dormir mejor?" o "¿cómo puedo reducir el estrés?", y el chatbot debería dar respuestas adecuadas.

Pistas:

- Crea un diccionario de preguntas comunes sobre salud y consejos correspondientes.
- Utiliza similitud de texto para identificar la pregunta más cercana a la consulta del usuario.
- Dale al usuario la opción de pedir otro consejo en la misma categoría.

Ejercicio 23: Chatbot de Traducción Básico

Crea un chatbot que traduzca palabras o frases simples a otro idioma. El usuario puede escribir "traduce 'hello' al español", y el chatbot debería responder con la traducción.

Pistas:

- Usa un diccionario con palabras en inglés y sus traducciones en otro idioma (por ejemplo, español).
- Extrae la palabra y el idioma de destino usando expresiones regulares.
- Si la palabra no se encuentra en el diccionario, responde con un mensaje indicando que la palabra no está en la base de datos.

Ejercicio 24: Chatbot de Conversación Aleatoria

Crea un chatbot que responda de forma aleatoria a la entrada del usuario. Puedes diseñar una lista de respuestas genéricas, y el bot elegirá una respuesta al azar. Esto simula una conversación relajada en la que el chatbot responde sin seguir una lógica exacta.

Objetivos:

- Implementar respuestas aleatorias.
- Usar la biblioteca random para seleccionar respuestas al azar.

Ejemplo de código inicial:

```
import random

responses = [
    "Cuéntame más sobre eso.",
    "Eso suena interesante.",
    "¡Wow! No sabía eso.",
    "¿Y cómo te hace sentir eso?",
    "Entiendo, ¿qué más tienes en mente?"
]

def random_bot():
    print("Chatbot: ¡Hola! Hablemos de lo que quieras.")
    while True:
        user_input = input("Tú: ")
        if user_input.lower() in ["adiós", "hasta
luego"]:
            print("Chatbot: ¡Hasta luego! Ha sido un
placer hablar contigo.")
            break
        print("Chatbot:", random.choice(responses))

# Ejecutar el chatbot
```

```
random_bot()
```

Ejercicio 25: Chatbot de Adivinanza Numérica

Crea un chatbot que piense en un número entre 1 y 10 y desafíe al usuario a adivinarlo. El bot dará pistas al usuario como "muy alto" o "muy bajo" hasta que el usuario adivine el número.

Objetivos:

* Generar un número aleatorio.
* Comparar la entrada del usuario con el número secreto y proporcionar pistas.

Ejemplo de código inicial:

```
import random

def number_guessing_bot():
    number = random.randint(1, 10)
    print("Chatbot: Estoy pensando en un número entre 1 y
10. ¡Intenta adivinarlo!")

    while True:
        guess = int(input("Tú: "))
        if guess < number:
            print("Chatbot: Demasiado bajo. Intenta
nuevamente.")
        elif guess > number:
            print("Chatbot: Demasiado alto. Intenta
nuevamente.")
        else:
            print("Chatbot: ¡Correcto! Adivinaste el
número.")
            break

# Ejecutar el chatbot de adivinanza
```

```
number_guessing_bot()
```

Ejercicio 26: Chatbot de Conversión de Unidades

Crea un chatbot que pueda convertir unidades básicas como metros a kilómetros, gramos a kilogramos, o minutos a horas. El usuario debe indicar el valor y la unidad de origen y destino, y el bot realizará la conversión.

Objetivos:

- Pedir entrada de usuario con valor y tipo de unidad.
- Realizar cálculos de conversión.

Ejemplo de código inicial:

```
def unit_conversion_bot():
    print("Chatbot: Hola, puedo ayudarte a convertir
unidades (metros a kilómetros, gramos a kilogramos,
minutos a horas).")
    value = float(input("Chatbot: Ingresa el valor que
deseas convertir: "))
    from_unit = input("Chatbot: ¿Desde qué unidad?
(metros, gramos, minutos): ").lower()
    to_unit = input("Chatbot: ¿A qué unidad quieres
convertir? (kilómetros, kilogramos, horas): ").lower()

    if from_unit == "metros" and to_unit == "kilómetros":
        result = value / 1000
    elif from_unit == "gramos" and to_unit ==
"kilogramos":
        result = value / 1000
    elif from_unit == "minutos" and to_unit == "horas":
        result = value / 60
    else:
        print("Chatbot: Conversión no soportada.")
        return
```

```python
    print(f"Chatbot: {value} {from_unit} son {result}
{to_unit}.")

# Ejecutar el chatbot de conversión de unidades
unit_conversion_bot()
```

Ejercicio 27: Chatbot de Recordatorio Sencillo

Crea un chatbot que permita al usuario ingresar tareas o recordatorios y,
luego, cuando el usuario lo solicite, el bot le recordará todas las tareas
almacenadas.

Objetivos:

Guardar recordatorios en una lista.
Mostrar la lista de recordatorios cuando el usuario lo solicite.

Ejemplo de código inicial:

```python
def reminder_bot():
    reminders = []
    print("Chatbot: ¡Hola! Puedo guardar tus
recordatorios.")

    while True:
        user_input = input("Tú (escribe 'mostrar' para
ver recordatorios o 'adiós' para salir): ")

        if user_input.lower() == "adiós":
            print("Chatbot: ¡Hasta luego! No olvides tus
tareas.")
            break
        elif user_input.lower() == "mostrar":
            if reminders:
                print("Chatbot: Tus recordatorios son:")
                for i, reminder in enumerate(reminders,
1):
```

```
                    print(f"{i}. {reminder}")
            else:
                print("Chatbot: No tienes
recordatorios.")
        else:
            reminders.append(user_input)
            print("Chatbot: Recordatorio guardado.")

# Ejecutar el chatbot de recordatorio
reminder_bot()
```

Ejercicio 28: Chatbot de Horóscopo Simple

Crea un chatbot que, al ingresar el signo zodiacal del usuario, le dé un horóscopo predeterminado. Cada signo debe tener un mensaje único.

Objetivos:

Detectar el signo zodiacal en la entrada del usuario.
Responder con un horóscopo predefinido.

Ejemplo de código inicial:

```
horoscopes = {
    "aries": "Hoy es un buen día para nuevos comienzos.",
    "tauro": "Tu perseverancia dará frutos.",
    "géminis": "La comunicación será clave hoy.",
    "cáncer": "Tiempo para cuidar de ti y de los que
amas.",
    "leo": "La creatividad está de tu lado.",
    "virgo": "Organiza tus ideas y lograrás grandes
cosas.",
    "libra": "Hoy es un día para buscar equilibrio.",
    "escorpio": "Confía en tu intuición.",
    "sagitario": "La aventura te espera.",
    "capricornio": "Tu esfuerzo será recompensado.",
    "acuario": "Hoy fluirás con nuevas ideas.",
```

```
    "piscis": "La empatía te abrirá puertas."
}

def horoscope_bot():
    print("Chatbot: Dime tu signo zodiacal y te daré tu
horóscopo del día.")
    while True:
        user_input = input("Tú (o escribe 'adiós' para
salir): ").lower()
        if user_input == "adiós":
            print("Chatbot: ¡Hasta luego!")
            break
        elif user_input in horoscopes:
            print(f"Chatbot: {horoscopes[user_input]}")
        else:
            print("Chatbot: Lo siento, no reconozco ese
signo zodiacal. Intenta nuevamente.")

# Ejecutar el chatbot de horóscopo
horoscope_bot()
```

Ejercicio 29: Chatbot de Respuestas a Preguntas Frecuentes

Crea un chatbot que responda preguntas frecuentes predefinidas sobre un tema, como información sobre un producto, servicio, o empresa. El bot buscará palabras clave en la pregunta del usuario y responderá con la información relevante.

Objetivos:

- Detectar palabras clave en preguntas frecuentes.
- Responder con información predefinida.

Ejemplo de código inicial:

```
faq_responses = {
    "precio": "Nuestro producto tiene un costo de $100.",
```

```
    "envío": "Ofrecemos envío gratuito en pedidos mayores
a $50.",
    "garantía": "Ofrecemos una garantía de 2 años en
todos nuestros productos.",
    "devolución": "Las devoluciones son aceptadas en un
plazo de 30 días."
}

def faq_bot():
    print("Chatbot: Hola, ¿en qué puedo ayudarte? Puedes
preguntarme sobre precio, envío, garantía o devolución.")
    while True:
        user_input = input("Tú (o escribe 'adiós' para
salir): ").lower()
        response = None
        for keyword, reply in faq_responses.items():
            if keyword in user_input:
                response = reply
                break
        if user_input == "adiós":
            print("Chatbot: ¡Hasta luego!")
            break
        elif response:
            print("Chatbot:", response)
        else:
            print("Chatbot: Lo siento, no tengo
información sobre eso.")

# Ejecutar el chatbot de preguntas frecuentes
faq_bot()
```

Ejercicio 30: Chatbot de Traducción Simple

Desarrolla un chatbot que pueda traducir palabras comunes de inglés a
español. El usuario ingresa una palabra en inglés, y el bot responde con la
traducción al español.

Objetivos:

- Utilizar un diccionario para almacenar traducciones.
- Buscar la palabra ingresada y devolver la traducción correspondiente.

Ejemplo de código inicial:

```python
translations = {
    "hello": "hola",
    "goodbye": "adiós",
    "please": "por favor",
    "thank you": "gracias",
    "sorry": "lo siento",
    "yes": "sí",
    "no": "no",
    "cat": "gato",
    "dog": "perro"
}

def translation_bot():
    print("Chatbot: ¡Hola! Puedo ayudarte a traducir
palabras básicas de inglés a español.")
    while True:
        word = input("Tú (escribe 'salir' para terminar):
").lower()
        if word == "salir":
            print("Chatbot: ¡Adiós!")
            break
        elif word in translations:
            print("Chatbot:", translations[word])
        else:
            print("Chatbot: Lo siento, no tengo esa
traducción.")

# Ejecutar el chatbot de traducción
translation_bot()
```

Ejercicio 31: Chatbot de Clima Ficticio

Crea un chatbot que simule responder preguntas sobre el clima en ciudades específicas. No requiere datos reales, sino que proporciona respuestas predefinidas.

Objetivos:
- Usar un diccionario para almacenar información de clima.
- Responder con el clima según la ciudad ingresada.
- Ejemplo de código inicial:

```python
weather_data = {
    "madrid": "Hoy en Madrid está soleado y hace 25°C.",
    "londres": "En Londres está nublado con 18°C.",
    "parís": "París tiene lluvias ligeras y 20°C.",
    "nueva york": "En Nueva York hace 22°C con brisa
ligera.",
    "tokio": "Tokio tiene un día soleado con 30°C."
}

def weather_bot():
    print("Chatbot: Hola, puedo decirte el clima de
algunas ciudades. Pregunta por Madrid, Londres, París,
Nueva York o Tokio.")
    while True:
        city = input("Tú (escribe 'salir' para terminar):
").lower()
        if city == "salir":
            print("Chatbot: ¡Hasta luego!")
            break
        elif city in weather_data:
            print("Chatbot:", weather_data[city])
        else:
            print("Chatbot: Lo siento, no tengo
información para esa ciudad.")
```

```
# Ejecutar el chatbot de clima
weather_bot()
```

Ejercicio 32: Chatbot de Recomendaciones de Películas

Crea un chatbot que recomiende películas en función de un género especificado por el usuario. Puedes usar categorías como comedia, acción, drama, y ciencia ficción, y el bot responderá con una película de ese género.

Objetivos:

- Crear una lista de películas por género.
- Usar condicionales para seleccionar películas basadas en la entrada del usuario.
-

Ejemplo de código inicial:

```
movie_recommendations = {
    "comedia": ["Superbad", "The Hangover", "Step
Brothers"],
    "acción": ["Mad Max: Fury Road", "John Wick", "Die
Hard"],
    "drama": ["Forrest Gump", "The Shawshank Redemption",
"The Godfather"],
    "ciencia ficción": ["Inception", "Interstellar", "The
Matrix"]
}

def movie_bot():
    print("Chatbot: ¿Te gustaría una recomendación de
película? Puedes decir comedia, acción, drama, o ciencia
ficción.")
    while True:
        genre = input("Tú (escribe 'salir' para
terminar): ").lower()
        if genre == "salir":
```

```
        print("Chatbot: ¡Que disfrutes tus películas!
¡Hasta luego!")
        break
      elif genre in movie_recommendations:
        print("Chatbot: Te recomiendo ver:",
random.choice(movie_recommendations[genre]))
      else:
        print("Chatbot: Lo siento, no tengo
recomendaciones para ese género.")

# Ejecutar el chatbot de recomendaciones de películas
movie_bot()
```

Ejercicio 33: Chatbot para Resolver Operaciones Matemáticas Básicas

Desarrolla un chatbot que realice operaciones matemáticas básicas (suma, resta, multiplicación y división) entre dos números. El usuario debe especificar la operación y los números, y el bot responderá con el resultado.

Objetivos:

- Procesar operaciones aritméticas en base a la entrada del usuario.
- Realizar cálculos y devolver el resultado.

Ejemplo de código inicial:

```
def math_bot():
    print("Chatbot: ¡Hola! Puedo ayudarte con operaciones
básicas (suma, resta, multiplicación y división).")
    while True:
        operation = input("Tú (escribe 'salir' para
terminar): ").lower()
        if operation == "salir":
            print("Chatbot: ¡Adiós!")
            break
```

```
        try:
            num1 = float(input("Chatbot: Ingresa el
primer número: "))
            num2 = float(input("Chatbot: Ingresa el
segundo número: "))

            if operation == "suma":
                result = num1 + num2
            elif operation == "resta":
                result = num1 - num2
            elif operation == "multiplicación":
                result = num1 * num2
            elif operation == "división":
                if num2 != 0:
                    result = num1 / num2
                else:
                    print("Chatbot: No se puede dividir
por cero.")
                    continue
            else:
                print("Chatbot: Operación no soportada.
Usa suma, resta, multiplicación o división.")
                continue

            print(f"Chatbot: El resultado de {operation}
es {result}.")
        except ValueError:
            print("Chatbot: Por favor, ingresa números
válidos.")

# Ejecutar el chatbot de operaciones matemáticas
math_bot()
```

Ejercicio 34: Chatbot de Asistente de Agenda

Desarrolla un chatbot que funcione como una agenda simple. El usuario
puede agregar tareas a una lista y pedir que le recuerde todas las tareas
pendientes.

Objetivos:

- Agregar y almacenar tareas en una lista.
- Mostrar las tareas cuando el usuario lo solicite.
- Ejemplo de código inicial:

```python
def agenda_bot():
    tasks = []
    print("Chatbot: Hola, soy tu asistente de agenda.
Puedes agregar tareas y pedir que te las recuerde.")

    while True:
        user_input = input("Tú (escribe 'mostrar' para
ver las tareas o 'salir' para terminar): ").lower()

        if user_input == "salir":
            print("Chatbot: ¡Hasta luego!")
            break
        elif user_input == "mostrar":
            if tasks:
                print("Chatbot: Tus tareas pendientes
son:")
                for i, task in enumerate(tasks, 1):
                    print(f"{i}. {task}")
            else:
                print("Chatbot: No tienes tareas
pendientes.")
        else:
            tasks.append(user_input)
            print("Chatbot: Tarea guardada.")

# Ejecutar el chatbot de agenda
agenda_bot()
```

Ejercicio 35: Chatbot de Trivia

Crea un chatbot que haga preguntas de trivia al usuario sobre diferentes temas. El bot debe evaluar las respuestas del usuario y proporcionar la respuesta correcta si se equivoca.

Objetivos:

- Almacenar preguntas y respuestas.
- Evaluar si las respuestas son correctas y proporcionar retroalimentación.

Ejemplo de código inicial:

```python
trivia_questions = {
    "¿Cuál es el planeta más cercano al sol?":
"mercurio",
    "¿En qué año el hombre llegó a la luna?": "1969",
    "¿Cuál es el océano más grande del mundo?":
"pacífico",
    "¿Cuál es el animal terrestre más rápido?":
"guepardo"
}

def trivia_bot():
    print("Chatbot: ¡Bienvenido a la trivia! Responde
correctamente si puedes.")

    for question, answer in trivia_questions.items():
        user_answer = input(f"Chatbot: {question}
").lower()
        if user_answer == answer:
            print("Chatbot: ¡Correcto!")
        else:
            print(f"Chatbot: Incorrecto. La respuesta
correcta es '{answer}'.")

    print("Chatbot: ¡Gracias por jugar!")
```

```
# Ejecutar el chatbot de trivia
trivia_bot()
```

Ejercicio 36: Chatbot de Cálculo de Edad

Desarrolla un chatbot que calcule la edad del usuario en función de su año de nacimiento.

Objetivos:

- Obtener el año de nacimiento del usuario.
- Calcular y devolver la edad en función del año actual.
- Ejemplo de código inicial:

```
from datetime import datetime

def age_bot():
    current_year = datetime.now().year
    print("Chatbot: ¡Hola! Puedo ayudarte a calcular tu
edad.")
    while True:
        year_of_birth = input("Por favor, ingresa tu año
de nacimiento o 'salir' para terminar: ")
        if year_of_birth.lower() == "salir":
            print("Chatbot: ¡Hasta luego!")
            break
        elif year_of_birth.isdigit():
            age = current_year - int(year_of_birth)
            print(f"Chatbot: Tienes {age} años.")
        else:
            print("Chatbot: Por favor, ingresa un año
válido.")

# Ejecutar el chatbot de cálculo de edad
age_bot()
```

Ejercicio 37: Chatbot de Motivación

Desarrolla un chatbot que proporcione frases motivacionales al azar cada vez que el usuario lo solicite.

Objetivos:

- Crear una lista de frases motivacionales.
- Seleccionar una frase al azar para cada respuesta.
- Ejemplo de código inicial:

```python
import random

motivational_quotes = [
    "No te rindas, cada paso cuenta.",
    "El éxito es la suma de pequeños esfuerzos.",
    "Cree en ti y todo será posible.",
    "Las oportunidades no ocurren, las creas.",
    "El esfuerzo de hoy trae los logros de mañana."
]

def motivation_bot():
    print("Chatbot: Hola, dime 'motivación' y te daré una frase motivacional.")
    while True:
        user_input = input("Tú (escribe 'salir' para terminar): ").lower()
        if user_input == "salir":
            print("Chatbot: ¡Sigue adelante, hasta luego!")
            break
        elif user_input == "motivación":
            print("Chatbot:", random.choice(motivational_quotes))
        else:
            print("Chatbot: No entiendo, intenta decir 'motivación'.")
```

```
# Ejecutar el chatbot de motivación
motivation_bot()
```

Ejercicio 38: Chatbot de Conversión de Unidades

Crea un chatbot que convierta kilómetros a millas o millas a kilómetros según la preferencia del usuario.

Objetivos:

- Detectar el tipo de conversión (km a millas o millas a km).
- Realizar la conversión y devolver el resultado.
- Ejemplo de código inicial:

```
def conversion_bot():
    print("Chatbot: ¡Hola! Puedo ayudarte a convertir
kilómetros a millas o millas a kilómetros.")
    while True:
        conversion_type = input("¿Quieres convertir 'km a
millas' o 'millas a km'? (o escribe 'salir' para
terminar): ").lower()
        if conversion_type == "salir":
            print("Chatbot: ¡Hasta luego!")
            break
        elif conversion_type in ["km a millas", "millas a
km"]:
            distance = float(input("Introduce la
distancia: "))
            if conversion_type == "km a millas":
                converted = distance * 0.621371
                print(f"Chatbot: {distance} kilómetros
son {converted:.2f} millas.")
            elif conversion_type == "millas a km":
                converted = distance / 0.621371
                print(f"Chatbot: {distance} millas son
{converted:.2f} kilómetros.")
```

```
    else:
        print("Chatbot: Opción no reconocida. Intenta
con 'km a millas' o 'millas a km'.")

# Ejecutar el chatbot de conversión de unidades
conversion_bot()
```

Ejercicio 39: Chatbot de Trivia de Animales

Desarrolla un chatbot que haga preguntas de trivia relacionadas con animales. El usuario debe responder, y el bot indicará si la respuesta es correcta o no.

Objetivos:

- Utilizar un diccionario para almacenar preguntas y respuestas.
- Evaluar las respuestas del usuario y dar retroalimentación.

Ejemplo de código inicial:

```
animal_trivia = {
    "¿Cuál es el animal terrestre más grande?":
"elefante",
    "¿Qué animal es conocido como el rey de la selva?":
"león",
    "¿Cuál es el animal más rápido en el aire?":
"halcón",
    "¿Qué animal tiene la memoria más larga?": "delfín",
}

def animal_trivia_bot():
    print("Chatbot: ¡Bienvenido a la trivia de animales!
Contesta si puedes.")
    for question, answer in animal_trivia.items():
```

```
        user_answer = input(f"Chatbot: {question}
").lower()
        if user_answer == answer:
            print("Chatbot: ¡Correcto!")
        else:
            print(f"Chatbot: Incorrecto. La respuesta
correcta es '{answer}'.")

# Ejecutar el chatbot de trivia de animales
animal_trivia_bot()
```

Ejercicio 40: Chatbot de Adivinanza Numérica

Desarrolla un chatbot que piense en un número entre 1 y 20 y permita que el usuario intente adivinarlo.

Objetivos:

* Generar un número aleatorio.
* Pedir al usuario que adivine y dar pistas sobre si el número es mayor o menor.

Ejemplo de código inicial:

```
import random

def number_guessing_bot():
    secret_number = random.randint(1, 20)
    print("Chatbot: Estoy pensando en un número entre 1 y
20. ¡Intenta adivinarlo!")
    while True:
        guess = input("Tú (o escribe 'salir' para
terminar): ")
        if guess.lower() == "salir":
            print(f"Chatbot: El número era
{secret_number}. ¡Hasta luego!")
            break
        elif guess.isdigit():
```

```python
        guess = int(guess)
        if guess < secret_number:
            print("Chatbot: El número es más alto.")
        elif guess > secret_number:
            print("Chatbot: El número es más bajo.")
        else:
            print("Chatbot: ¡Correcto! Adivinaste el
número.")
            break
    else:
        print("Chatbot: Por favor, ingresa un número
válido.")

# Ejecutar el chatbot de adivinanza numérica
number_guessing_bot()
```

Ejercicio 41: Chatbot de Recetas de Cocina Básicas

Crea un chatbot que sugiera recetas según un ingrediente principal
proporcionado por el usuario (por ejemplo, pollo, pasta, o arroz).

Objetivos:
- Almacenar recetas en un diccionario, categorizadas por ingrediente.
- Sugerir recetas basadas en el ingrediente ingresado.

Ejemplo de código inicial:

```python
recipes = {
    "pollo": ["Pollo al horno con verduras", "Ensalada
César con pollo", "Pollo a la parrilla con limón"],
    "pasta": ["Espaguetis a la carbonara", "Pasta al
pesto", "Lasaña de carne"],
    "arroz": ["Arroz con verduras", "Paella", "Arroz
frito con huevo"]
}

def recipe_bot():
```

```
    print("Chatbot: ¡Hola! Dime un ingrediente principal
(pollo, pasta, arroz) y te sugeriré una receta.")
    while True:
        ingredient = input("Tú (escribe 'salir' para
terminar): ").lower()
        if ingredient == "salir":
            print("Chatbot: ¡Feliz cocina! Hasta luego.")
            break
        elif ingredient in recipes:
            print("Chatbot: Te recomiendo:",
random.choice(recipes[ingredient]))
        else:
            print("Chatbot: No tengo recetas para ese
ingrediente.")

# Ejecutar el chatbot de recetas
rccipc_bot()
```

Ejercicio 42: Chatbot de Horóscopo Simple

Crea un chatbot que ofrezca un horóscopo diario basado en el signo zodiacal del usuario.

Objetivos:

- Pedir al usuario su signo zodiacal.
- Proporcionar un mensaje predefinido como horóscopo.

Ejemplo de código inicial:

```
horoscopes = {
    "aries": "Hoy es un buen día para tomar decisiones
audaces.",
    "tauro": "Confía en tu intuición hoy y lograrás
éxito.",
    "géminis": "La creatividad estará de tu lado hoy.",
    "cáncer": "Recibirás buenas noticias pronto.",
```

```
    "leo": "Eres el centro de atención hoy.",
    "virgo": "La organización será clave en tus tareas.",
    "libra": "Hoy es el día perfecto para resolver
conflictos.",
    "escorpio": "Un misterio será revelado hoy.",
    "sagitario": "La aventura te espera, ¡prepárate!",
    "capricornio": "El trabajo duro traerá grandes
recompensas.",
    "acuario": "Tu energía será contagiosa hoy.",
    "piscis": "Tu intuición te guiará a decisiones
acertadas."
}

def horoscope_bot():
    print("Chatbot: ¡Hola! Dime tu signo zodiacal y te
diré tu horóscopo.")
    while True:
        sign = input("Tú (escribe 'salir'
```

Ejercicio 43: Chatbot de Recomendación de Películas

Desarrolla un chatbot que recomiende películas según el género que el usuario prefiera.

Objetivos:

- Pedir al usuario que elija un género de películas.
- Proporcionar una recomendación de película de ese género.
Ejemplo de código inicial:

```
import random

movies = {
    "acción": ["Mad Max: Fury Road", "John Wick",
"Gladiador"],
    "comedia": ["Superbad", "The Grand Budapest Hotel",
"Groundhog Day"],
```

```python
    "drama": ["The Shawshank Redemption", "Forrest Gump",
"Parasite"],
    "ciencia ficción": ["Interstellar", "Blade Runner
2049", "The Matrix"],
    "animación": ["Toy Story", "Spirited Away", "Coco"]
}

def movie_recommender_bot():
    print("Chatbot: ¡Hola! Puedo recomendarte películas.
¿Cuál es tu género favorito?")
    while True:
        genre = input("Tú (escribe 'salir' para
terminar): ").lower()
        if genre == "salir":
            print("Chatbot: ¡Disfruta de la película!
Hasta luego.")
            break
        elif genre in movies:
            print("Chatbot: Te recomiendo ver:",
random.choice(movies[genre]))
        else:
            print("Chatbot: Lo siento, no tengo
recomendaciones para ese género.")

# Ejecutar el chatbot de recomendación de películas
movie_recommender_bot()
```

Ejercicio 44: Chatbot de Adivinanza de Animales

Crea un chatbot que haga preguntas sobre diferentes animales y permita que el usuario adivine el animal.

Objetivos:

- Crear una lista de descripciones de animales y sus respuestas.
- Verificar si el usuario ha adivinado correctamente.

Ejemplo de código inicial:

```python
animals = {
    "Soy el rey de la selva y tengo una melena
majestuosa": "león",
    "Tengo rayas y vivo en África, pero no soy un tigre":
"cebra",
    "Soy un mamífero marino y me gusta hacer saltos
acrobáticos": "delfín"
}


def animal_guess_bot():
    print("Chatbot: ¡Hola! Voy a describir un animal y tú
tienes que adivinarlo.")
    for description, answer in animals.items():
        guess = input(f"Chatbot: {description}. ¿Quién
soy? ").lower()
        if guess == answer:
            print("Chatbot: ¡Correcto!")
        else:
            print(f"Chatbot: Incorrecto. Soy un
{answer}.")
    print("Chatbot: ¡Gracias por jugar!")

# Ejecutar el chatbot de adivinanza de animales
animal_guess_bot()
```

Ejercicio 45: Chatbot de Cálculo de Propina

Desarrolla un chatbot que calcule la propina adecuada según el porcentaje de propina que el usuario prefiera.

Objetivos:

- Solicitar la cantidad total de la cuenta y el porcentaje de propina.
- Calcular y devolver la cantidad de propina y el total con propina incluida.

Ejemplo de código inicial:

```python
def tip_calculator_bot():
    print("Chatbot: ¡Hola! Puedo ayudarte a calcular una propina.")
    while True:
        try:
            total_bill = float(input("Introduce el total de la cuenta (o escribe 'salir' para terminar): "))
            if total_bill == 'salir':
                break
            tip_percentage = float(input("¿Qué porcentaje de propina quieres dejar? "))
            tip_amount = (tip_percentage / 100) * total_bill
            total_with_tip = total_bill + tip_amount
            print(f"Chatbot: La propina es ${tip_amount:.2f}. El total con propina es ${total_with_tip:.2f}.")
        except ValueError:
            print("Chatbot: Por favor, introduce un número válido.")
    print("Chatbot: ¡Hasta luego!")

# Ejecutar el chatbot de cálculo de propina
tip_calculator_bot()
```

Ejercicio 46: Chatbot de Horarios de Clases

Desarrolla un chatbot que pueda informar al usuario sobre su horario de clases según el día que le pregunte.

Objetivos:

- Crear un diccionario con los horarios de cada día de la semana.
- Responder con el horario correspondiente al día consultado.

-

Ejemplo de código inicial:

```
schedule = {
    "lunes": "Matemáticas y Física",
    "martes": "Historia y Lengua",
    "miércoles": "Inglés y Química",
    "jueves": "Geografía y Educación Física",
    "viernes": "Biología y Arte"
}

def schedule_bot():
    print("Chatbot: ¡Hola! Pregúntame sobre tu horario de
clases.")
    while True:
        day = input("Dime el día de la semana o escribe
'salir' para terminar: ").lower()
        if day == "salir":
            print("Chatbot: ¡Que tengas un buen día!")
            break
        elif day in schedule:
            print(f"Chatbot: El horario del {day} es:
{schedule[day]}.")
        else:
            print("Chatbot: No reconozco ese día, intenta
de nuevo.")

# Ejecutar el chatbot de horarios de clases
schedule_bot()
```

Ejercicio 47: Chatbot de Conversión de Temperatura

Crea un chatbot que convierta temperaturas de Celsius a Fahrenheit y
viceversa.

Objetivos:

- Solicitar la temperatura y el tipo de conversión deseada.
- Realizar la conversión y devolver el resultado.

Ejemplo de código inicial:

```python
def temperature_conversion_bot():
    print("Chatbot: ¡Hola! Puedo ayudarte a convertir temperaturas entre Celsius y Fahrenheit.")
    while True:
        conversion_type = input("¿Quieres convertir de 'C a F' o de 'F a C'? (o escribe 'salir' para terminar): ").lower()
        if conversion_type == "salir":
            print("Chatbot: ¡Hasta luego!")
            break
        elif conversion_type in ["c a f", "f a c"]:
            try:
                temperature = float(input("Introduce la temperatura: "))
                if conversion_type == "c a f":
                    converted = (temperature * 9/5) + 32
                    print(f"Chatbot: {temperature}°C es igual a {converted:.2f}°F.")
                elif conversion_type == "f a c":
                    converted = (temperature - 32) * 5/9
                    print(f"Chatbot: {temperature}°F es igual a {converted:.2f}°C.")
            except ValueError:
                print("Chatbot: Por favor, introduce un número válido.")
        else:
            print("Chatbot: Opción no reconocida. Intenta con 'C a F' o 'F a C'.")

# Ejecutar el chatbot de conversión de temperatura
temperature_conversion_bot()
```

Ejercicio 48: Chatbot de Curiosidades sobre Países

Crea un chatbot que proporcione curiosidades o datos interesantes sobre diferentes países.

Objetivos:

- Crear un diccionario con países como claves y curiosidades como valores.
- Responder con la curiosidad correspondiente al país consultado.

Ejemplo de código inicial:

```
facts = {
    "japón": "Japón tiene más de 6,800 islas.",
    "australia": "Australia es el único país que es
también un continente.",
    "brasil": "Brasil es el mayor productor de café en el
mundo.",
    "egipto": "Egipto es famoso por sus antiguas
pirámides y momias.",
    "canadá": "Canadá tiene el sistema de costa más largo
del mundo."
}

def country_facts_bot():
    print("Chatbot: ¡Hola! Pregúntame sobre curiosidades
de algún país.")
    while True:
        country = input("Dime el nombre de un país o
escribe 'salir' para terminar: ").lower()
        if country == "salir":
            print("Chatbot: ¡Espero haberte ayudado!
Hasta luego.")
            break
        elif country in facts:
            print(f"Chatbot: {facts[country]}")
```

```
        else:
            print("Chatbot: No tengo curiosidades para
ese país. Intenta con otro.")

# Ejecutar el chatbot de curiosidades de países
country_facts_bot()
```

Ejercicio 49: Chatbot de Consejos de Ejercicio

Crea un chatbot que sugiera ejercicios según el área del cuerpo que el
usuario quiera trabajar (piernas, brazos, abdomen, etc.).

Objetivos:

- Solicitar al usuario el área del cuerpo en la que quiere enfocarse.
- Proporcionar una recomendación de ejercicio para esa área.

Ejemplo de código inicial:

```
exercises = {
    "piernas": ["sentadillas", "estocadas", "saltos con
peso"],
    "brazos": ["flexiones de brazo", "curl de bíceps",
"fondos de tríceps"],
    "abdomen": ["planchas", "crunches", "elevación de
piernas"]
}

def workout_bot():
    print("Chatbot: ¡Hola! Puedo recomendarte ejercicios.
¿Qué área del cuerpo quieres trabajar?")
    while True:
        area = input("Tú (escribe 'salir' para terminar):
").lower()
        if area == "salir":
            print("Chatbot: ¡Buena suerte con el
entrenamiento! Hasta luego.")
```

```
            break
        elif area in exercises:
            print("Chatbot: Te sugiero hacer:", ", 
".join(exercises[area]))
        else:
            print("Chatbot: No tengo recomendaciones para 
esa área, intenta otra.")

# Ejecutar el chatbot de consejos de ejercicio
workout_bot()
```

Ejercicio 50: Chatbot de Chistes

Desarrolla un chatbot que cuente chistes al usuario y responda con un mensaje divertido.

Objetivos:

- Crear una lista de chistes.
- Contar un chiste de la lista y responder al usuario.

Ejemplo de código inicial:

```
jokes = [
    "¿Por qué los pájaros no usan Facebook? Porque ya 
tienen Twitter.",
    "¿Qué hace una abeja en el gimnasio? ¡Zum-ba!",
    "¿Por qué el libro de matemáticas estaba triste? 
Porque tenía demasiados problemas."
]

def joke_bot():
    print("Chatbot: ¡Hola! ¿Quieres escuchar un chiste? 
Escribe 'chiste' o 'salir' para terminar.")
    while True:
```

```
        command = input("Tú: ").lower()
        if command == "salir":
            print("Chatbot: ¡Hasta luego! Que tengas un
día divertido.")
            break
        elif command == "chiste":
            print("Chatbot:", random.choice(jokes))
        else:
            print("Chatbot: No entendí, escribe 'chiste'
si quieres uno.")

# Ejecutar el chatbot de chistes
joke_bot()
```

Ejercicio 51: Chatbot de Frases Inspiradoras

Desarrolla un chatbot que comparta frases motivadoras o inspiradoras cada vez que el usuario lo solicite.

Objetivos:

- Crear una lista de frases inspiradoras.
- Compartir una frase al recibir un comando específico.

Ejemplo de código inicial:

```
quotes = [
    "El éxito es la suma de pequeños esfuerzos repetidos
día tras día.",
    "No importa lo despacio que vayas, siempre y cuando
no te detengas.",
    "Cree en ti mismo y en todo lo que eres.",
    "La vida es 10% lo que te sucede y 90% cómo
reaccionas."
]

def inspiration_bot():
```

```
    print("Chatbot: ¡Hola! Escribe 'inspirame' para
recibir una frase motivadora o 'salir' para terminar.")
    while True:
        command = input("Tú: ").lower()
        if command == "salir":
            print("Chatbot: ¡Recuerda, siempre puedes
lograr tus metas! Hasta luego.")
            break
        elif command == "inspirame":
            print("Chatbot:", random.choice(quotes))
        else:
            print("Chatbot: No entendí, intenta con
'inspirame'.")

# Ejecutar el chatbot de frases inspiradoras
inspiration_bot()
```

Ejercicio 52: Chatbot de Traductor Simple

Desarrolla un chatbot que traduzca palabras básicas de inglés a español.

Objetivos:

- Crear un diccionario con traducciones de palabras comunes.
- Traducir la palabra cuando el usuario la escriba en inglés.

Ejemplo de código inicial:

```
translations = {
    "hello": "hola",
    "goodbye": "adiós",
    "please": "por favor",
    "thank you": "gracias",
    "yes": "sí",
    "no": "no"
}
```

```python
def translator_bot():
    print("Chatbot: ¡Hola! Dime una palabra en inglés
para traducir al español o escribe 'salir' para
terminar.")
    while True:
        word = input("Tú: ").lower()
        if word == "salir":
            print("Chatbot: ¡Hasta luego! Sigue
practicando.")
            break
        elif word in translations:
            print("Chatbot:", translations[word])
        else:
            print("Chatbot: Lo siento, no tengo
traducción para esa palabra.")

# Ejecutar el chatbot de traductor simple
translator_bot()
```

Ejercicio 53: Chatbot de Consejos de Estudio

Desarrolla un chatbot que brinde consejos de estudio cada vez que el usuario lo pida.

Objetivos:

- Crear una lista de consejos de estudio.
- Responder con un consejo al recibir un comando específico.

Ejemplo de código inicial:

```python
study_tips = [
    "Establece metas claras y realistas para cada sesión
de estudio.",
    "Toma descansos regulares para mejorar tu
concentración.",
```

```
    "Organiza tu espacio de estudio para minimizar
distracciones.",
    "Repasa tus notas al final del día para reforzar el
aprendizaje.",
    "Usa técnicas de estudio activas, como enseñar lo que
aprendiste."
]

def study_advice_bot():
    print("Chatbot: ¡Hola! Escribe 'consejo' para un
consejo de estudio o 'salir' para terminar.")
    while True:
        command = input("Tú: ").lower()
        if command == "salir":
            print("Chatbot: ¡Buena suerte con tus
estudios! Hasta luego.")
            break
        elif command == "consejo":
            print("Chatbot:", random.choice(study_tips))
        else:
            print("Chatbot: No entendí, escribe 'consejo'
si quieres uno.")

# Ejecutar el chatbot de consejos de estudio
study_advice_bot()
```

Ejercicio 54: Chatbot de Adivinanzas

Crea un chatbot que haga adivinanzas al usuario y verifique si la respuesta es correcta.

Objetivos:

- Crear una lista de adivinanzas con sus respuestas.
- Comparar la respuesta del usuario con la respuesta correcta y dar retroalimentación.

Ejemplo de código inicial:

```
riddles = {
    "Soy más ligero que el aire, pero una persona no
puede sostenerme por más de unos minutos. ¿Qué soy?":
"aliento",
    "Tengo ciudades, pero no casas. Tengo montañas, pero
no árboles. Tengo agua, pero no peces. ¿Qué soy?":
"mapa",
    "Cuanto más me quitas, más grande me vuelvo. ¿Qué
soy?": "agujero"
}

def riddle_bot():
    print("Chatbot: ¡Hola! Vamos a jugar a las
adivinanzas. Escribe 'salir' para terminar.")
    for riddle, answer in riddles.items():
        print("Chatbot:", riddle)
        user_answer = input("Tú: ").lower()
        if user_answer == "salir":
            print("Chatbot: ¡Hasta luego!")
            break
        elif user_answer == answer:
            print("Chatbot: ¡Correcto!")
        else:
            print("Chatbot: Incorrecto, la respuesta
es:", answer)

# Ejecutar el chatbot de adivinanzas
riddle_bot()
```

Ejercicio 55: Chatbot de Clima Falso

Simula un chatbot de clima que responde con una temperatura aleatoria y condiciones climáticas.

Objetivos:

- Generar una temperatura aleatoria y un estado del clima.
- Responder al usuario cuando pide el clima en una ciudad.

Ejemplo de código inicial:

```python
import random

def weather_bot():
    print("Chatbot: ¡Hola! Pregúntame el clima en
cualquier ciudad. Escribe 'salir' para terminar.")
    while True:
        city = input("Tú: ").lower()
        if city == "salir":
            print("Chatbot: ¡Hasta luego!")
            break
        temperature = random.randint(-10, 40)
        weather = random.choice(["soleado", "lluvioso",
"nublado", "nevando"])
        print(f"Chatbot: El clima en {city.capitalize()}
es {weather} con {temperature}°C.")

# Ejecutar el chatbot de clima falso
weather_bot()
```

Ejercicio 56: Chatbot de Trivia Histórica

Haz un chatbot que haga preguntas de trivia sobre historia y dé puntos al usuario por cada respuesta correcta.

Objetivos:

- Crear preguntas y respuestas de trivia.
- Llevar la cuenta de los puntos.

Ejemplo de código inicial:

```python
trivia = {
    "¿En qué año comenzó la Segunda Guerra Mundial?":
"1939",
    "¿Quién fue el primer presidente de los Estados
Unidos?": "george washington",
    "¿En qué país se encuentra la Gran Muralla?": "china"
}

def history_trivia_bot():
    print("Chatbot: ¡Bienvenido a la trivia de historia!
Escribe 'salir' para terminar.")
    score = 0
    for question, answer in trivia.items():
        print("Chatbot:", question)
        user_answer = input("Tú: ").lower()
        if user_answer == "salir":
            print("Chatbot: ¡Gracias por jugar!
Puntuación final:", score)
            break
        elif user_answer == answer:
            score += 1
            print("Chatbot: ¡Correcto!")
        else:
            print("Chatbot: Incorrecto. La respuesta
es:", answer)

# Ejecutar el chatbot de trivia histórica
history_trivia_bot()
```

Ejercicio 56: Chatbot de Horóscopo

Desarrolla un chatbot que proporcione un horóscopo diario para cada signo del zodiaco.

Objetivos:

- Crear una lista de horóscopos para cada signo.
- Devolver el horóscopo correspondiente cuando el usuario lo solicita.

Ejemplo de código inicial:

```
horoscopes = {
    "aries": "Hoy es un buen día para empezar algo
nuevo.",
    "tauro": "Tendrás éxito en tus actividades
financieras.",
    "géminis": "Es un día ideal para comunicar tus
ideas.",
    "cáncer": "Recuerda cuidar de tu salud mental.",
    "leo": "Tu energía atraerá a las personas
correctas.",
    "virgo": "Enfócate en los detalles y tendrás éxito.",
    "libra": "Es un buen momento para tomar decisiones
importantes.",
    "escorpio": "Hoy tendrás una gran intuición.",
    "sagitario": "La aventura está en el aire.",
    "capricornio": "Es el día perfecto para planear a
largo plazo.",
    "acuario": "Tus ideas originales serán muy bien
recibidas.",
    "piscis": "Confía en tus emociones para tomar
decisiones."
}

def horoscope_bot():
    print("Chatbot: ¡Hola! Dime tu signo zodiacal y te
diré tu horóscopo. Escribe 'salir' para terminar.")
    while True:
        sign = input("Tú: ").lower()
        if sign == "salir":
            print("Chatbot: ¡Hasta luego!")
            break
        elif sign in horoscopes:
            print("Chatbot:", horoscopes[sign])
```

```
        else:
            print("Chatbot: No reconozco ese signo.
Intenta de nuevo.")

# Ejecutar el chatbot de horóscopo
horoscope_bot()
```

Ejercicio 57: Chatbot de Listas de Tareas

Haz un chatbot que ayude al usuario a crear y gestionar una lista de tareas básicas.

Objetivos:

- Permitir al usuario agregar, ver y eliminar tareas.
- Mantener una lista de tareas en memoria durante la sesión.

Ejemplo de código inicial:

```
tasks = []

def todo_bot():
    print("Chatbot: ¡Hola! Puedo ayudarte a gestionar tus
tareas. Escribe 'agregar', 'ver', 'eliminar' o 'salir'
para terminar.")
    while True:
        command = input("Tú: ").lower()
        if command == "salir":
            print("Chatbot: ¡Buena suerte con tus tareas!
Hasta luego.")
            break
        elif command == "agregar":
            task = input("Chatbot: ¿Qué tarea quieres
agregar?: ")
            tasks.append(task)
            print("Chatbot: Tarea agregada.")
        elif command == "ver":
```

```
            print("Chatbot: Estas son tus tareas:",
tasks)
        elif command == "eliminar":
            task = input("Chatbot: ¿Qué tarea quieres
eliminar?: ")
            if task in tasks:
                tasks.remove(task)
                print("Chatbot: Tarea eliminada.")
            else:
                print("Chatbot: No encontré esa tarea.")
        else:
            print("Chatbot: No entendí, intenta con
'agregar', 'ver' o 'eliminar'.")

# Ejecutar el chatbot de listas de tareas
todo_bot()
```

Ejercicio 58: Chatbot de Recordatorios

Crea un chatbot que permita al usuario establecer recordatorios simples y luego mostrarlos cuando el usuario lo solicite.

Objetivos:

- Crear una lista para almacenar recordatorios.
- Permitir al usuario agregar, ver y eliminar recordatorios.

Ejemplo de código inicial:

```
reminders = []

def reminder_bot():
    print("Chatbot: ¡Hola! Puedo ayudarte a recordar
cosas importantes. Escribe 'agregar', 'ver', 'eliminar' o
'salir' para terminar.")
    while True:
        command = input("Tú: ").lower()
```

```
        if command == "salir":
            print("Chatbot: ¡Nos vemos! Recuerda tus
tareas importantes.")
            break
        elif command == "agregar":
            reminder = input("Chatbot: ¿Qué quieres
recordar?: ")
            reminders.append(reminder)
            print("Chatbot: Recordatorio agregado.")
        elif command == "ver":
            if reminders:
                print("Chatbot: Estos son tus
recordatorios:", reminders)
            else:
                print("Chatbot: No tienes
recordatorios.")
        elif command == "eliminar":
            reminder = input("Chatbot: ¿Qué recordatorio
quieres eliminar?: ")
            if reminder in reminders:
                reminders.remove(reminder)
                print("Chatbot: Recordatorio eliminado.")
            else:
                print("Chatbot: No encontré ese
recordatorio.")
        else:
            print("Chatbot: No entendí, intenta con
'agregar', 'ver' o 'eliminar'.")

# Ejecutar el chatbot de recordatorios
reminder_bot()
```

Ejercicio 59: Chatbot de Trivia de Ciencia

Crea un chatbot que haga preguntas de trivia relacionadas con ciencia y
responda si la respuesta es correcta o incorrecta.

Objetivos:

- Crear preguntas de ciencia y sus respuestas correctas.
- Contar el puntaje del usuario según las respuestas correctas.

Ejemplo de código inicial:

```python
science_trivia = {
    "¿Cuál es el planeta más grande del sistema solar?":
"júpiter",
    "¿Qué gas respiran las plantas durante la
fotosíntesis?": "dióxido de carbono",
    "¿Quién desarrolló la teoría de la relatividad?":
"albert einstein"
}

def science_trivia_bot():
    print("Chatbot: ¡Bienvenido a la trivia de ciencia!
Escribe 'salir' para terminar.")
    score = 0
    for question, answer in science_trivia.items():
        print("Chatbot:", question)
        user_answer = input("Tú: ").lower()
        if user_answer == "salir":
            print("Chatbot: ¡Gracias por jugar!
Puntuación final:", score)
            break
        elif user_answer == answer:
            score += 1
            print("Chatbot: ¡Correcto!")
        else:
            print("Chatbot: Incorrecto. La respuesta
es:", answer)

# Ejecutar el chatbot de trivia de ciencia
science_trivia_bot()
```

Ejercicio 60: Chatbot de Números Aleatorios

Desarrolla un chatbot que proporcione un número aleatorio entre dos valores dados por el usuario.

Objetivos:

- Permitir al usuario ingresar un rango (inicio y fin).
- Generar y mostrar un número aleatorio dentro del rango especificado.

Ejemplo de código inicial:

```python
import random

def random_number_bot():
    print("Chatbot: ¡Hola! Dame un rango de números y te daré un número aleatorio entre esos valores. Escribe 'salir' para terminar.")
    while True:
        start = input("Chatbot: Ingresa el número inicial o escribe 'salir': ").lower()
        if start == "salir":
            print("Chatbot: ¡Hasta luego!")
            break
        end = input("Chatbot: Ingresa el número final: ")
        try:
            start = int(start)
            end = int(end)
            random_number = random.randint(start, end)
            print(f"Chatbot: Tu número aleatorio es: {random_number}")
        except ValueError:
            print("Chatbot: Por favor, ingresa números válidos.")

# Ejecutar el chatbot de números aleatorios
```

```
random_number_bot()
```

Ejercicio 61: Chatbot de Traductor de Idiomas Básico

Haz un chatbot que traduzca palabras simples de inglés a español y de español a inglés, según la solicitud del usuario.

Objetivos:

- Crear un diccionario con palabras básicas en ambos idiomas.
- Traducir en ambas direcciones según la entrada del usuario.

Ejemplo de código inicial:

```
translator = {
    "hello": "hola",
    "goodbye": "adiós",
    "please": "por favor",
    "thanks": "gracias",
    "dog": "perro",
    "cat": "gato"
}

def basic_translator_bot():
    print("Chatbot: ¡Hola! Dime una palabra en inglés o
español, y te la traduciré. Escribe 'salir' para
terminar.")
    while True:
        word = input("Tú: ").lower()
        if word == "salir":
            print("Chatbot: ¡Hasta luego!")
            break
        elif word in translator:
            print("Chatbot:", translator[word])
        elif word in translator.values():
            for key, value in translator.items():
                if value == word:
```

```
                print("Chatbot:", key)
                break
        else:
            print("Chatbot: No conozco esa palabra.
Intenta con otra.")

# Ejecutar el chatbot de traductor básico
basic_translator_bot()
```

Ejercicio 62: Chatbot de Conversión de Unidades

Crea un chatbot que convierta unidades de longitud (por ejemplo, metros a kilómetros o centímetros a metros).

Objetivos:

- Permitir al usuario ingresar un valor y una unidad de medida.
- Convertir la medida a otra unidad y mostrar el resultado.

Ejemplo de código inicial:

```
def conversion_bot():
    print("Chatbot: ¡Hola! Puedo convertir metros a
kilómetros y centímetros. Escribe 'salir' para
terminar.")
    while True:
        try:
            value = input("Tú: Ingresa la cantidad en
metros o escribe 'salir': ").lower()
            if value == "salir":
                print("Chatbot: ¡Hasta luego!")
                break
            value = float(value)
            print(f"Chatbot: {value} metros son {value /
1000} kilómetros o {value * 100} centímetros.")
        except ValueError:
            print("Chatbot: Ingresa un número válido.")
```

```
# Ejecutar el chatbot de conversión de unidades
conversion_bot()
```

Ejercicio 63: Chatbot que Aprende Nombres

Haz un chatbot que recuerde los nombres de los usuarios y los salude por su nombre cuando vuelvan a interactuar con él.

Objetivos:

- Guardar los nombres de los usuarios en una lista o diccionario.
- Revisar si el nombre del usuario ya está en la lista al iniciar una conversación.

Ejemplo de código inicial:

```
known_users = {}

def greeting_bot():
    print("Chatbot: ¡Hola! Soy tu asistente de
conversación. Dime tu nombre, y te recordaré.")
    while True:
        name = input("Tú: ")
        if name.lower() == "salir":
            print("Chatbot: ¡Hasta luego!")
            break
        if name in known_users:
            print(f"Chatbot: ¡Hola de nuevo, {name}! Me
alegra verte otra vez.")
        else:
            print(f"Chatbot: Mucho gusto, {name}. Te
recordaré la próxima vez.")
            known_users[name] = True

# Ejecutar el chatbot de saludo
greeting_bot()
```

Ejercicio 64: Chatbot que Aprende Preferencias de Usuario

Desarrolla un chatbot que pregunte la película favorita del usuario y recuerde su respuesta. La próxima vez que el usuario interactúe, el chatbot le recordará su preferencia.

Objetivos:

- Almacenar la preferencia de cada usuario en un diccionario.
- Consultar el diccionario para recordar la preferencia y mencionarla en la próxima conversación.

Ejemplo de código inicial:

```
user_preferences = {}

def movie_bot():
    print("Chatbot: ¡Hola! Dime tu película favorita, y
la recordaré para la próxima vez.")
    while True:
        name = input("Tú (escribe tu nombre o 'salir'
para terminar): ").lower()
        if name == "salir":
            print("Chatbot: ¡Nos vemos!")
            break
        if name in user_preferences:
            print(f"Chatbot: Recuerdo que tu película
favorita es {user_preferences[name]}!")
        else:
            favorite_movie = input("Chatbot: ¿Cuál es tu
película favorita?: ")
            user_preferences[name] = favorite_movie
            print("Chatbot: ¡Genial! Lo recordaré.")

# Ejecutar el chatbot de preferencias
movie_bot()
```

Ejercicio 65: Chatbot de Aprendizaje de Respuestas Simples

Desarrolla un chatbot que aprenda respuestas a preguntas comunes que el usuario pueda hacer. Si el chatbot no conoce la respuesta, el usuario puede enseñársela.

Objetivos:

- Crear un diccionario para almacenar pares de preguntas y respuestas.
- Permitir que el usuario enseñe al chatbot una respuesta si no la sabe.

Ejemplo de código inicial:

```python
knowledge_base = {}

def learning_chatbot():
    print("Chatbot: ¡Hola! Puedes hacerme preguntas, y si no sé la respuesta, me puedes enseñar.")
    while True:
        question = input("Tú: ").lower()
        if question == "salir":
            print("Chatbot: ¡Hasta luego!")
            break
        elif question in knowledge_base:
            print("Chatbot:", knowledge_base[question])
        else:
            print("Chatbot: No sé la respuesta a eso. ¿Puedes enseñarme?")
            answer = input("Tú: ")
            knowledge_base[question] = answer
            print("Chatbot: ¡Gracias! Aprendí algo nuevo.")

# Ejecutar el chatbot de aprendizaje de respuestas
learning_chatbot()
```

Ejercicio 66: Chatbot que Aprende Preferencias de Temas

Crea un chatbot que pregunte al usuario sus temas de interés (por ejemplo, tecnología, ciencia, deportes) y almacene sus preferencias para adaptar las respuestas según el tema.

Objetivos:

- Solicitar temas de interés y almacenarlos en un diccionario por usuario.
- Responder de manera personalizada según el tema de interés del usuario.

Ejemplo de código inicial:

```python
user_topics = {}

def topic_preference_bot():
    print("Chatbot: ¡Hola! Dime tus temas de interés y te daré información relevante.")
    while True:
        name = input("Tú (escribe tu nombre o 'salir' para terminar): ").lower()
        if name == "salir":
            print("Chatbot: ¡Nos vemos!")
            break
        if name in user_topics:
            print(f"Chatbot: Sé que te interesa {', '.join(user_topics[name])}. ¿Quieres saber algo más sobre estos temas?")
        else:
            topics = input("Chatbot: ¿Cuáles son tus temas de interés? (separa con comas): ")
            user_topics[name] = [topic.strip().lower() for topic in topics.split(",")]
            print("Chatbot: ¡Gracias! Recordaré tus intereses.")
```

```
# Ejecutar el chatbot de temas de interés
topic_preference_bot()
```

Ejercicio 67: Chatbot que Aprende Patrón de Horas Activas

Este chatbot intenta aprender las horas en las que el usuario interactúa más frecuentemente y lo saluda de forma personalizada en esas horas.

Objetivos:

- Registrar las horas de interacción.
- Ajustar el saludo en función de la hora en que más interactúan los usuarios.

Ejemplo de código inicial:

```
from collections import defaultdict
from datetime import datetime

user_activity = defaultdict(list)

def active_hours_bot():
    print("Chatbot: ¡Hola! Me encargaré de darte un
saludo especial según la hora en la que interactúes.")
    while True:
        name = input("Tú (escribe tu nombre o 'salir'
para terminar): ").lower()
        if name == "salir":
            print("Chatbot: ¡Hasta luego!")
            break
        current_hour = datetime.now().hour
        user_activity[name].append(current_hour)
        # Obtener la hora más común de actividad
        most_active_hour = max(set(user_activity[name]),
key=user_activity[name].count)
```

```python
        if current_hour == most_active_hour:
            print(f"Chatbot: ¡{name.capitalize()}, parece
que sueles estar activo en esta hora! ¡Buen momento para
charlar!")
        else:
            print(f"Chatbot: ¡Hola, {name.capitalize()}!
¿Cómo va tu día?")

# Ejecutar el chatbot de horas activas
active_hours_bot()
```

Ejercicio 68: Chatbot que Aprende y Sugiere Comidas Favoritas

Crea un chatbot que recuerde las comidas favoritas de los usuarios y sugiera opciones según sus preferencias o el momento del día.

Objetivos:

- Almacenar las comidas favoritas de cada usuario en un diccionario.
- Sugerir comidas en función de la hora del día y las preferencias registradas.

Ejemplo de código inicial:

```python
favorite_foods = {}

def food_suggestion_bot():
    print("Chatbot: ¡Hola! Dime tus comidas favoritas, y
te haré sugerencias en el futuro.")
    while True:
        name = input("Tú (escribe tu nombre o 'salir'
para terminar): ").lower()
        if name == "salir":
            print("Chatbot: ¡Hasta luego!")
            break
        if name in favorite_foods:
```

```
            print(f"Chatbot: Sé que te gusta {',
'.join(favorite_foods[name])}. ¿Quieres sugerencias?")
            time_of_day = input("Tú: ¿Es desayuno,
almuerzo o cena?: ").lower()
            if time_of_day == "desayuno":
                print("Chatbot: ¡Qué tal unos huevos
revueltos o un pan tostado!")
            elif time_of_day == "almuerzo":
                print(f"Chatbot: ¿Te gustaría
{favorite_foods[name][0]} hoy?")
            elif time_of_day == "cena":
                print(f"Chatbot: Tal vez podrías probar
{favorite_foods[name][-1]}.")
        else:
            foods = input("Chatbot: ¿Cuáles son tus
comidas favoritas? (separa con comas): ")
            favorite_foods[name] = [food.strip().lower()
for food in foods.split(",")]
            print("Chatbot: ¡Gracias! Recordaré tus
comidas favoritas.")

# Ejecutar el chatbot de sugerencias de comida
food_suggestion_bot()
```

Ejercicio 69: Chatbot que Aprende las Habilidades de los Usuarios

Desarrolla un chatbot que pregunte a los usuarios sobre sus habilidades y recuerde lo que cada usuario sabe hacer. Cuando un usuario pregunte, el chatbot puede recordarle lo que ha aprendido.

Objetivos:

- Crear una base de datos de habilidades por usuario.
- Permitir que el usuario consulte sus propias habilidades o de otros usuarios conocidos.

Ejemplo de código inicial:

```
user_skills = {}

def skills_learning_bot():
    print("Chatbot: ¡Hola! Dime sobre tus habilidades, y
las recordaré.")
    while True:
        name = input("Tú (escribe tu nombre o 'salir'
para terminar): ").lower()
        if name == "salir":
            print("Chatbot: ¡Hasta luego!")
            break
        if name in user_skills:
            print(f"Chatbot: Recuerdo que sabes hacer {',
'.join(user_skills[name])}. ¿Algo más?")
        else:
            skills = input("Chatbot: ¿Cuáles son tus
habilidades? (separa con comas): ")
            user_skills[name] = [skill.strip().lower()
for skill in skills.split(",")]
            print("Chatbot: ¡Gracias! Recordaré lo que
sabes hacer.")

# Ejecutar el chatbot de habilidades
skills_learning_bot()
```

Ejercicio 70: Chatbot que Aprende Gustos Musicales

Crea un chatbot que pregunte al usuario sobre sus géneros musicales favoritos y lo recuerde para futuras interacciones. Además, puede sugerir música de un género que el usuario no haya mencionado antes.

Objetivos:

- Guardar los géneros musicales favoritos de los usuarios.

- Sugerir géneros diferentes en base a lo que el usuario ya ha mencionado.

Ejemplo de código inicial:

```
user_music_preferences = {}
all_genres = ["rock", "pop", "jazz", "clásica",
"electrónica", "hip-hop"]

def music_bot():
    print("Chatbot: ¡Hola! Dime tus géneros musicales
favoritos.")
    while True:
        name = input("Tú (escribe tu nombre o 'salir'
para terminar): ").lower()
        if name == "salir":
            print("Chatbot: ¡Hasta luego!")
            break
        if name in user_music_preferences:
            liked_genres = user_music_preferences[name]
            print(f"Chatbot: Sé que te gusta {',
'.join(liked_genres)}.")
            suggestion = [genre for genre in all_genres
if genre not in liked_genres]
            if suggestion:
                print("Chatbot: ¿Has probado escuchar",
suggestion[0] + "?")
        else:
            genres = input("Chatbot: ¿Cuáles son tus
géneros favoritos? (separa con comas): ")
            user_music_preferences[name] =
[genre.strip().lower() for genre in genres.split(",")]
            print("Chatbot: ¡Gracias! Recordaré tus
gustos musicales.")

# Ejecutar el chatbot de gustos musicales
music_bot()
```

Ejercicio 71: Chatbot que Aprende el Estado de Ánimo del Usuario

Desarrolla un chatbot que le pregunte al usuario cómo se siente y recuerde el estado de ánimo. Luego, podrá hacer un seguimiento de cómo cambia el ánimo del usuario en diferentes interacciones.

Objetivos:

- Registrar el estado de ánimo del usuario en un diccionario por fecha.
- Mostrar una comparación de estados de ánimo a lo largo de las interacciones.

Ejemplo de código inicial:

```
from datetime import datetime

mood_tracker = {}

def mood_bot():
    print("Chatbot: ¡Hola! Dime cómo te sientes hoy, y
llevaré un registro.")
    while True:
        name = input("Tú (escribe tu nombre o 'salir'
para terminar): ").lower()
        if name == "salir":
            print("Chatbot: ¡Cuídate! Nos vemos.")
            break
        mood = input("Chatbot: ¿Cómo te sientes hoy?:
").lower()
        today = datetime.today().strftime("%Y-%m-%d")

        if name not in mood_tracker:
            mood_tracker[name] = {}
        mood_tracker[name][today] = mood
        print(f"Chatbot: Guardado. Hoy, {today}, te
sientes {mood}.")
```

```
        if len(mood_tracker[name]) > 1:
            print("Chatbot: Aquí está el registro de tus
estados de ánimo:")
            for date, mood in mood_tracker[name].items():
                print(f"- {date}: {mood}")

# Ejecutar el chatbot de estado de ánimo
mood_bot()
```

Ejercicio 72: Chatbot que Aprende Frases Favoritas

Haz un chatbot que le pregunte al usuario sus frases favoritas y las recuerde
para usarlas en la conversación cuando detecte el tema adecuado.

Objetivos:

- Almacenar frases favoritas de cada usuario.
- Incorporar una frase favorita del usuario en la conversación de vez
  en cuando.

Ejemplo de código inicial:

```
user_quotes = {}

def quotes_bot():
    print("Chatbot: ¡Hola! Cuéntame alguna de tus frases
favoritas.")
    while True:
        name = input("Tú (escribe tu nombre o 'salir'
para terminar): ").lower()
        if name == "salir":
            print("Chatbot: ¡Nos vemos!")
            break
        if name in user_quotes:
```

```
            print(f"Chatbot: Aquí tienes una de tus
frases favoritas: '{user_quotes[name][0]}'.")
        else:
            quote = input("Chatbot: Dime una de tus
frases favoritas: ")
            user_quotes[name] = [quote]
            print("Chatbot: ¡Me encanta esa frase! La
recordaré para ti.")

# Ejecutar el chatbot de frases
quotes_bot()
```

Ejercicio 73: Chatbot con Análisis de Sentimientos

Objetivo: Crear un chatbot que pueda reconocer y responder al estado de ánimo del usuario.

Descripción:
Desarrolla un chatbot que, además de responder preguntas básicas, pueda detectar el sentimiento en los mensajes del usuario (positivo, negativo o neutro).
Utiliza una biblioteca de NLP como TextBlob o NLTK en Python para realizar el análisis de sentimientos.

Pasos:
Instala la biblioteca necesaria (pip install textblob).
Configura el chatbot para recibir la entrada del usuario.
Implementa el análisis de sentimientos para clasificar el mensaje del usuario.
Define respuestas específicas para cada tipo de sentimiento. Por ejemplo, si el usuario expresa tristeza, el chatbot puede responder con un mensaje de apoyo.

Código base:

```
from textblob import TextBlob
```

```
def analyze_sentiment(message):
    blob = TextBlob(message)
    if blob.sentiment.polarity > 0:
        return "positivo"
    elif blob.sentiment.polarity < 0:
        return "negativo"
    else:
        return "neutro"

def chatbot():
    print("Hola, soy tu asistente. ¿Cómo te sientes
hoy?")
    while True:
        user_input = input("Tú: ")
        if user_input.lower() in ["salir", "adiós"]:
            print("Chatbot: Hasta luego. ¡Cuídate!")
            break

        sentimiento = analyze_sentiment(user_input)
        if sentimiento == "positivo":
            response = "¡Me alegra que te sientas bien!"
        elif sentimiento == "negativo":
            response = "Lamento que no te sientas bien.
Estoy aquí para escucharte."
        else:
            response = "Entiendo. ¿Hay algo más que te
gustaría hablar?"

        print("Chatbot:", response)

chatbot()
```

Ejercicio 74: Chatbot con Memoria de Conversación

Objetivo: Crear un chatbot que recuerde información del usuario a lo largo de la conversación para hacer la interacción más personalizada.

Descripción:

El chatbot debe ser capaz de recordar información básica proporcionada por el usuario (como nombre, lugar de origen o intereses).
Utiliza un diccionario o una base de datos en memoria para almacenar la información del usuario.

Pasos:

Configura el chatbot para iniciar una conversación solicitando el nombre del usuario y otros datos básicos.
Almacena los datos en un diccionario en memoria.
A medida que la conversación progresa, utiliza la información guardada para personalizar las respuestas del chatbot.

Código base:

```python
user_data = {}

def chatbot():
    print("Chatbot: Hola, soy tu asistente. ¿Cuál es tu nombre?")
    user_data["nombre"] = input("Tú: ")

    print(f"Chatbot: Encantado de conocerte, {user_data['nombre']}! ¿De dónde eres?")
    user_data["lugar"] = input("Tú: ")

    while True:
        user_input = input("Tú: ")
        if user_input.lower() in ["salir", "adiós"]:
            print(f"Chatbot: Hasta luego, {user_data['nombre']} de {user_data['lugar']}. ¡Cuídate!")
            break

        if "cómo me llamo" in user_input.lower():
```

```
        response = f"Te llamas
{user_data['nombre']}."
        elif "de dónde soy" in user_input.lower():
            response = f"Eres de {user_data['lugar']}."
        else:
            response = "Dime más sobre ti o hazme una
pregunta."

        print("Chatbot:", response)

chatbot()
```

Ejercicio 75: Chatbot con Respuestas Contextuales

Objetivo: Crear un chatbot que pueda mantener el contexto de una conversación y dar respuestas en función del tema actual.

Descripción:

Desarrolla un chatbot que identifique el contexto actual de la conversación para responder con coherencia. Por ejemplo, si el usuario menciona su trabajo, el chatbot debe mantener el tema en las siguientes respuestas. Puedes implementar una lógica de contexto simple utilizando palabras clave.

Pasos:

Define temas principales como "trabajo", "familia" y "hobbies".
Configura el chatbot para analizar el contexto en el mensaje del usuario y recordar el tema actual.
Proporciona respuestas específicas según el tema en curso.

Código base:

```
current_context = None

def detect_context(message):
```

```python
        if "trabajo" in message:
            return "trabajo"
        elif "familia" in message:
            return "familia"
        elif "hobbies" in message or "pasatiempo" in message:
            return "hobbies"
        return None

def chatbot():
    print("Chatbot: Hola, ¿sobre qué te gustaría hablar?
Trabajo, familia o hobbies?")
    while True:
        user_input = input("Tú: ")
        if user_input.lower() in ["salir", "adiós"]:
            print("Chatbot: ¡Hasta luego! Ha sido un
placer hablar contigo.")
            break

        global current_context
        new_context = detect_context(user_input)
        if new_context:
            current_context = new_context

        if current_context == "trabajo":
            response = "Cuéntame más sobre tu trabajo.
¿Qué te gusta de él?"
        elif current_context == "familia":
            response = "La familia es muy importante.
¿Quién es la persona con la que más compartes?"
        elif current_context == "hobbies":
            response = "¡Los hobbies son geniales! ¿Cuál
es tu pasatiempo favorito?"
        else:
            response = "Interesante, ¿podrías contarme
más?"

        print("Chatbot:", response)
```

```
chatbot()
```

Ejercicios para practicar.

Ejercicio 76: Chatbot que Detecta y Gestiona Errores de Usuario

Descripción: Crea un chatbot que detecte posibles errores de entrada del usuario (por ejemplo, palabras mal escritas, falta de contexto o preguntas ambiguas) y solicite aclaraciones antes de responder. El objetivo es mejorar la robustez del chatbot y hacerlo más interactivo cuando no entiende una pregunta.

Instrucciones:

Configura el chatbot para que verifique las entradas en busca de errores comunes (como palabras con letras repetidas o frases muy cortas que no tienen contexto).

Si el chatbot no entiende la entrada del usuario, responde con un mensaje solicitando aclaraciones. Por ejemplo: "Lo siento, no entiendo tu pregunta. ¿Podrías decirme más detalles?".

Implementa un sistema de sugerencias en caso de errores, proponiendo posibles correcciones o guías para preguntas más claras.

Puntos clave:

Usa difflib para comparar la entrada del usuario con palabras comunes en tu base de datos.

Introduce un contador de intentos para que después de varios intentos fallidos, el chatbot pueda sugerir ayuda adicional o una lista de temas que el usuario puede consultar.

Ejercicio 77: Chatbot con Respuestas Personalizadas Basadas en el Estado de Ánimo del Usuario

Descripción: Diseña un chatbot que intente detectar el estado de ánimo del usuario (feliz, triste, frustrado, etc.) a través de sus palabras y adapte su respuesta en función de este estado. Esto agregará un nivel de empatía al chatbot, mejorando la experiencia del usuario.

Configura el chatbot para que identifique palabras clave relacionadas con emociones (como "feliz", "triste", "molesto", etc.).
Según las palabras que detecte, el chatbot debe ajustar sus respuestas para ser más empático o alentador. Por ejemplo, si detecta una palabra triste, puede responder con frases alentadoras.
Opcionalmente, usa bibliotecas de NLP, como TextBlob o VADER, para analizar el sentimiento general del texto si estás trabajando con frases más largas o si quieres una detección de emociones más precisa.

Puntos clave:

Elabora un diccionario de palabras clave relacionadas con cada emoción y úsalo para clasificar la entrada del usuario.
Asegúrate de que el chatbot no se quede atrapado en un estado de ánimo y mantén la conversación fluida.

Ejercicio 78: Chatbot con Sugerencias de Opciones Basadas en el Contexto

Descripción: Crea un chatbot que, en lugar de esperar que el usuario escriba todo el tiempo, ofrezca opciones relevantes en función del contexto de la conversación. Esto es útil para temas específicos, como ayudar al usuario a navegar por un servicio o producto.

Instrucciones:

Diseña una estructura de diálogos donde el chatbot haga preguntas al usuario y ofrezca opciones relevantes como respuesta. Por ejemplo, si el usuario pregunta por "servicios de envío", el chatbot podría responder: "¿Te gustaría saber más sobre [envíos nacionales] o [envíos internacionales]?". Implementa una forma de rastrear el contexto de la conversación para ofrecer opciones que sean coherentes con lo que ya se ha discutido.

Asegúrate de que el chatbot puede manejar el flujo de la conversación de manera flexible y no se bloquee si el usuario cambia de tema inesperadamente.

Puntos clave:

Usa estructuras de datos como diccionarios o listas de opciones para almacenar posibles respuestas y contextualizarlas.
Emplea variables o etiquetas para rastrear en qué parte de la conversación se encuentra el usuario y ofrecer opciones apropiadas.

Ejercicio 79: Chatbot con Respuestas Condicionadas Basadas en el Historial de la Conversación

Descripción: Diseña un chatbot que pueda recordar ciertos detalles de la conversación para adaptar sus respuestas. Por ejemplo, si el usuario menciona su nombre o una preferencia, el chatbot debe recordar esta información y utilizarla en interacciones posteriores.

Instrucciones:
Configura el chatbot para que almacene información relevante de la conversación, como el nombre del usuario, sus intereses o preferencias (por ejemplo, "me gusta el café").
Cuando se vuelva a mencionar un tema o cuando sea apropiado, el chatbot debe recordar esta información y personalizar su respuesta. Por ejemplo, si el usuario dijo que le gusta el café, el chatbot podría preguntar "¿Te gustaría una recomendación de cafeterías?" en una interacción futura.
Usa estructuras de datos como diccionarios o variables de sesión para guardar la información durante la conversación.

Puntos clave:
Asegúrate de gestionar la memoria del chatbot adecuadamente para evitar que "recuerde" detalles irrelevantes o antiguos en nuevas conversaciones.
Considera implementar una opción para que el usuario borre la memoria del chatbot si lo desea.

Ejercicio 80: Chatbot con Respuestas Basadas en el Contexto de Horario

Descripción: Crea un chatbot que ajuste sus respuestas según la hora del día en que el usuario interactúe con él. Esto es útil para chatbots que ofrecen recomendaciones o saludos personalizados.

Instrucciones:

Configura el chatbot para que detecte la hora del sistema y ajuste sus saludos o sugerencias. Por ejemplo, puede responder "¡Buenos días!" por la mañana y "¡Buenas noches!" por la noche.
Además de los saludos, ajusta las recomendaciones del chatbot para ser contextuales. Por ejemplo, si el usuario pide una recomendación de comida a la hora del almuerzo, el chatbot podría sugerir opciones para el almuerzo, mientras que por la noche sugeriría opciones para la cena.
Usa la biblioteca datetime para obtener la hora actual y condicionar las respuestas del chatbot en función de ella.

Puntos clave:

Asegúrate de que el chatbot tenga respuestas adecuadas para cada momento del día, manteniendo la conversación natural.
Si lo prefieres, puedes incorporar configuraciones de zonas horarias para usuarios de distintas regiones.

Ejercicio 81: Chatbot con Reconocimiento de Preferencias y Recordatorio

Descripción: Crea un chatbot que pregunte al usuario sobre sus preferencias (por ejemplo, su color favorito, comida preferida, etc.) y que luego pueda recordarlas en la conversación. Esto simula una memoria básica del chatbot, que hace la interacción más personalizada.

Instrucciones:
1. Configura el chatbot para preguntar al usuario sobre sus preferencias.
2. Guarda las respuestas en un diccionario y utilízalas en las respuestas posteriores.
3. Si el usuario menciona una preferencia que ya había indicado antes, el chatbot debe recordar y mencionarla.

Código de ejemplo:

```python
# Diccionario para almacenar las preferencias del usuario
user_preferences = {}

# Función para preguntar sobre preferencias
def ask_preference(topic):
    if topic in user_preferences:
        return f"Ya me habías dicho que tu {topic}
favorito es {user_preferences[topic]}."
    else:
        preference = input(f"¿Cuál es tu {topic}
favorito? ")
        user_preferences[topic] = preference
        return f"¡Gracias! Recordaré que tu {topic}
favorito es {preference}."

# Conversación principal del chatbot
def chatbot():
    print("¡Hola! Soy tu asistente. ¡Dime tus
preferencias!")
    while True:
        topic = input("Escribe algo que quieras compartir
conmigo (o 'salir' para terminar): ").lower()

        if topic == 'salir':
            print("Hasta luego, ¡que tengas un gran
día!")
            break
```

```
        elif topic in ['color', 'comida', 'deporte',
'animal']:  # Puedes ampliar los temas
            response = ask_preference(topic)
            print(response)
        else:
            print("Puedes contarme sobre tus preferencias
como color, comida, deporte o animal.")

# Ejecutar el chatbot
chatbot()
```

Ejercicio 82: Chatbot con Respuestas Basadas en la Hora del Día

Descripción: Diseña un chatbot que ajuste sus respuestas en función de la hora del día. Por ejemplo, en la mañana debe saludar con "Buenos días", en la tarde con "Buenas tardes" y en la noche con "Buenas noches".

Instrucciones:

1. Usa la biblioteca datetime para obtener la hora actual.
2. Condiciona la respuesta del chatbot en función de si es mañana, tarde o noche.
3. También puedes agregar recomendaciones diferentes según el momento del día.

Código de ejemplo:

```
from datetime import datetime

# Función para obtener el saludo basado en la hora
def get_time_based_greeting():
    current_hour = datetime.now().hour
    if 5 <= current_hour < 12:
        return "¡Buenos días!"
```

```python
        elif 12 <= current_hour < 18:
            return "¡Buenas tardes!"
        else:
            return "¡Buenas noches!"

# Conversación principal del chatbot
def chatbot():
    print("¡Hola! Soy tu asistente de tiempo. Dime lo que
necesitas.")
    print(get_time_based_greeting())  # Saludo inicial
basado en la hora

    while True:
        user_input = input("¿En qué puedo ayudarte?
(escribe 'salir' para terminar): ").lower()

        if user_input == 'salir':
            print("Hasta luego, ¡que tengas un excelente
día!")
            break
        elif 'recomienda' in user_input:
            if 'mañana' in
get_time_based_greeting().lower():
                print("Te recomiendo un buen desayuno
para empezar el día con energía.")
            elif 'tarde' in
get_time_based_greeting().lower():
                print("Un café a esta hora siempre viene
bien para la tarde.")
            else:
                print("Tal vez una cena ligera sería
ideal para terminar el día.")
        else:
            print("Perdón, aún no sé cómo ayudarte con
eso.")

# Ejecutar el chatbot
chatbot()
```

Ejercicio 83: Chatbot de Preguntas y Respuestas con Memoria Básica

Descripción: Crea un chatbot que responda a preguntas básicas en temas específicos y que también pueda "recordar" información que el usuario le haya dicho antes.

Instrucciones:

Define un conjunto de preguntas y respuestas específicas para el chatbot.

Implementa una función para almacenar información que el usuario comparte.

Si el usuario pregunta algo que ya mencionó antes, el chatbot debe recordar y responder con la información almacenada.

Código de ejemplo:

```python
# Diccionario de respuestas predefinidas
faq_responses = {
    "¿cuál es tu nombre?": "Soy un chatbot de prueba.",
    "¿qué puedes hacer?": "Puedo responder a preguntas y
recordar información básica.",
    "¿dónde estás?": "Estoy en tu computadora, listo para
ayudarte."
}

# Diccionario para recordar información del usuario
user_memory = {}

# Función para procesar la conversación
def process_input(user_input):
    user_input = user_input.lower()

    # Respuesta predefinida
    if user_input in faq_responses:
        return faq_responses[user_input]

    # Memorización de información del usuario
    if "mi nombre es" in user_input:
```

```python
        name = user_input.split("mi nombre es ")[1]
        user_memory["nombre"] = name
        return f"Encantado de conocerte, {name}."

    if user_input == "¿te acuerdas de mi nombre?" and
"nombre" in user_memory:
        return f"Sí, tu nombre es
{user_memory['nombre']}."

    return "Lo siento, no tengo una respuesta para eso."

# Conversación del chatbot
def chatbot():
    print("¡Hola! Soy tu asistente.")
    while True:
        user_input = input("Tú: ")
        if user_input.lower() == "salir":
            print("Hasta luego, ¡que tengas un buen
día!")
            break
        response = process_input(user_input)
        print(f"Chatbot: {response}")

# Ejecutar el chatbot
chatbot()
```

Ejercicio 84: Chatbot de Sugerencias de Películas Basado en Género

Descripción: Diseña un chatbot que sugiera películas en función del género preferido por el usuario.
Instrucciones:
Crea una lista de películas por género.
Permite que el usuario ingrese un género (por ejemplo, "comedia", "acción") y que el chatbot sugiera una película al azar de ese género.
Si el género ingresado no está en la lista, proporciona una respuesta amigable y pide al usuario que elija otro género.

Código de ejemplo:

```python
import random

# Diccionario de películas por género
movie_suggestions = {
    "comedia": ["Superbad", "Step Brothers", "The
Hangover"],
    "acción": ["Mad Max", "Die Hard", "Gladiàtor"],
    "drama": ["The Shawshank Redemption", "Forrest Gump",
"Fight Club"],
    "terror": ["The Exorcist", "A Nightmare on Elm
Street", "Get Out"]
}

# Función para recomendar una película
def recommend_movie(genre):
    genre = genre.lower()
    if genre in movie_suggestions:
        return random.choice(movie_suggestions[genre])
    else:
        return None

# Conversación del chatbot
def chatbot():
    print("¡Hola! Puedo recomendarte una película. Dime
un género (comedia, acción, drama, terror).")
    while True:
        user_input = input("Tú: ")
        if user_input.lower() == "salir":
            print("Hasta luego, ¡disfruta tu película!")
            break
        movie = recommend_movie(user_input)
        if movie:
            print(f"Te recomiendo ver: {movie}")
        else:
```

```
            print("Lo siento, no tengo recomendaciones
para ese género. Prueba con otro.")

# Ejecutar el chatbot
chatbot()
```

Ejercicio 85: Chatbot de Clima Simulado con Respuestas Contextuales

Descripción: Crea un chatbot que simule responder preguntas sobre el clima en diferentes ciudades. Usa respuestas simuladas, pero permite que el chatbot reconozca y responda a ciudades populares como "Nueva York", "Londres", y "París".

Instrucciones:
Define respuestas simuladas para el clima de algunas ciudades.
Cuando el usuario pregunte por el clima de una ciudad reconocida, el chatbot debe responder con la información almacenada.
Si la ciudad no está en la lista, el chatbot debe indicar que no tiene información disponible.

Código de ejemplo:

```
# Diccionario con información simulada del clima
weather_data = {
    "nueva york": "Soleado, 25°C",
    "londres": "Lluvioso, 15°C",
    "parís": "Nublado, 18°C",
    "tokio": "Soleado, 28°C"
}

# Función para consultar el clima
def get_weather(city):
    city = city.lower()
    return weather_data.get(city, "Lo siento, no tengo
información sobre el clima en esa ciudad.")
```

```
# Conversación del chatbot
def chatbot():
    print("¡Hola! Puedo decirte el clima en algunas
ciudades. Pregunta por el clima en Nueva York, Londres,
París o Tokio.")
    while True:
        user_input = input("Tú: ")
        if user_input.lower() == "salir":
            print("Hasta luego, ¡espero que tengas buen
clima!")
            break
        if "clima" in user_input:
            city = user_input.split("clima en")[-
1].strip()
            response = get_weather(city)
            print(f"Chatbot: {response}")
        else:
            print("Pregunta por el clima de una ciudad o
escribe 'salir' para terminar.")

# Ejecutar el chatbot
chatbot()
```

Ejercicio 86: Chatbot de Conversión de Unidades (Distancia y Peso)

Descripción: Crea un chatbot que convierta unidades de distancia (metros a kilómetros, millas a kilómetros) y peso (kilogramos a libras, libras a kilogramos).

Instrucciones:
Crea funciones para convertir unidades de distancia y peso.
Permite que el usuario solicite conversiones específicas, como "Convierte 10 kilómetros a millas".
Haz que el chatbot pueda entender diferentes tipos de conversiones y responder con el resultado.

Código de ejemplo:

```python
# Funciones de conversión
def meters_to_kilometers(meters):
    return meters / 1000

def kilometers_to_miles(kilometers):
    return kilometers * 0.621371

def kilograms_to_pounds(kg):
    return kg * 2.20462

def pounds_to_kilograms(lbs):
    return lbs / 2.20462

# Función principal de conversión
def convert_units(user_input):
    user_input = user_input.lower()
    if "metros a kilómetros" in user_input:
        value = float(user_input.split()[1])
        return f"{value} metros son
{meters_to_kilometers(value)} kilómetros."
    elif "kilómetros a millas" in user_input:
        value = float(user_input.split()[1])
        return f"{value} kilómetros son
{kilometers_to_miles(value)} millas."
    elif "kilogramos a libras" in user_input:
        value = float(user_input.split()[1])
        return f"{value} kilogramos son
{kilograms_to_pounds(value)} libras."
    elif "libras a kilogramos" in user_input:
        value = float(user_input.split()[1])
        return f"{value} libras son
{pounds_to_kilograms(value)} kilogramos."
    else:
        return "Lo siento, no puedo hacer esa
conversión."
```

```
# Conversación del chatbot
def chatbot():
    print("¡Hola! Puedo ayudarte a convertir unidades de
distancia y peso.")
    while True:
        user_input = input("Tú: ")
        if user_input.lower() == "salir":
            print("Hasta luego, ¡espero haberte
ayudado!")
            break
        response = convert_units(user_input)
        print(f"Chatbot: {response}")

# Ejecutar el chatbot
chatbot()
```

Ejercicio 87: Chatbot con Temporizador

Descripción: Diseña un chatbot que permita al usuario configurar un temporizador en segundos. El chatbot debe indicar cuándo el temporizador ha terminado.

Instrucciones:
Usa la biblioteca time para manejar la cuenta regresiva del temporizador.
Solicita al usuario que indique los segundos para el temporizador.
Informa al usuario cuando el tiempo ha terminado.

Código de ejemplo:

```
import time

# Función para iniciar el temporizador
def start_timer(seconds):
    print(f"Temporizador iniciado por {seconds}
segundos.")
    time.sleep(seconds)
```

```
    return "¡El tiempo ha terminado!"

# Conversación del chatbot
def chatbot():
    print("¡Hola! Puedo configurar un temporizador en
segundos. Dime cuántos segundos necesitas.")
    while True:
        user_input = input("Tú: ")
        if user_input.lower() == "salir":
            print("Hasta luego, ¡espero que hayas
disfrutado el temporizador!")
            break
        elif user_input.isdigit():
            seconds = int(user_input)
            response = start_timer(seconds)
            print(f"Chatbot: {response}")
        else:
            print("Por favor, ingresa un número de
segundos o escribe 'salir'.")

# Ejecutar el chatbot
chatbot()
```

Ejercicio 88: Chatbot para Selección de Recetas por Ingrediente

Descripción: Crea un chatbot que sugiera recetas basadas en un ingrediente que el usuario indique.

Instrucciones:

Crea un diccionario con ingredientes comunes y una lista de recetas que los usen.
Permite que el usuario ingrese un ingrediente y proporciona una receta que lo use.
Si el ingrediente no está en la lista, sugiere al usuario que elija otro.

Código de ejemplo:

```python
import random

# Diccionario de ingredientes y recetas
recipes = {
    "pollo": ["Pollo al horno", "Pollo a la parrilla",
"Sopa de pollo"],
    "tomate": ["Ensalada de tomate", "Salsa de tomate",
"Tomates rellenos"],
    "pasta": ["Espaguetis a la boloñesa", "Macarrones con
queso", "Pasta al pesto"],
    "chocolate": ["Pastel de chocolate", "Brownies",
"Mousse de chocolate"]
}

# Función para recomendar receta
def recommend_recipe(ingredient):
    ingredient = ingredient.lower()
    if ingredient in recipes:
        return random.choice(recipes[ingredient])
    else:
        return None

# Conversación del chatbot
def chatbot():
    print("¡Hola! Dime un ingrediente y te sugeriré una
receta.")
    while True:
        user_input = input("Tú: ")
        if user_input.lower() == "salir":
            print("Hasta luego, ¡espero que disfrutes la
cocina!")
            break
        recipe = recommend_recipe(user_input)
        if recipe:
            print(f"Te sugiero que prepares: {recipe}")
        else:
```

```
            print("Lo siento, no tengo recetas para ese
ingrediente. Prueba con otro.")

# Ejecutar el chatbot
chatbot()
```

Ejercicio 89: Chatbot de Recomendación de Librerías de Python

Descripción: Este chatbot ayuda a los usuarios a encontrar librerías de Python según sus necesidades. Cuando el usuario menciona un área de interés, como "machine learning" o "procesamiento de texto", el chatbot sugiere librerías populares en esa área y explica brevemente sus funciones.

Instrucciones:
1. Define un conjunto de librerías populares y sus descripciones en un diccionario, agrupándolas según la categoría.
2. Detecta la palabra clave del usuario para responder con una lista de librerías y una breve explicación de cada una.
3. Permite que el usuario haga preguntas sobre librerías específicas y proporciona detalles adicionales cuando sea posible.

```
# Diccionario de librerías y descripciones
library_recommendations = {
    "machine learning": [
        ("scikit-learn", "Librería de machine learning
para clasificación, regresión y clustering."),
        ("tensorflow", "Biblioteca para redes neuronales
y deep learning desarrollada por Google."),
        ("keras", "API de alto nivel para construir y
entrenar modelos de deep learning."),
    ],
    "ciencia de datos": [
        ("pandas", "Herramienta para manipulación y
análisis de datos en estructuras tabulares."),
```

```python
        ("numpy", "Librería para operaciones numéricas y
manipulación de matrices multidimensionales."),
        ("matplotlib", "Librería de visualización para
gráficos básicos y avanzados."),
    ],
    "desarrollo web": [
        ("flask", "Microframework para desarrollo de
aplicaciones web en Python."),
        ("django", "Framework completo para construir
aplicaciones web robustas y seguras."),
    ],
    "procesamiento de texto": [
        ("nltk", "Toolkit para procesamiento y análisis
de lenguaje natural."),
        ("spacy", "Biblioteca avanzada para NLP que
soporta procesamiento en grandes volúmenes de datos."),
    ],
    "visualización de datos": [
        ("seaborn", "Librería basada en matplotlib para
visualización estadística."),
        ("plotly", "Librería interactiva de gráficos,
compatible con gráficos 3D y mapas."),
    ],
}

# Función para obtener recomendaciones basadas en el tema
def recommend_libraries(user_input):
    user_input = user_input.lower()
    for category in library_recommendations:
        if category in user_input:
            recommendations =
library_recommendations[category]
            response = f"Para {category}, te recomiendo
las siguientes librerías:\n"
            for lib, desc in recommendations:
                response += f"- {lib}: {desc}\n"
            return response
```

```python
    return "Lo siento, no tengo recomendaciones para esa
área. Intenta con temas como 'machine learning', 'ciencia
de datos', 'desarrollo web', 'procesamiento de texto' o
'visualización de datos'."

# Conversación del chatbot
def chatbot():
    print("¡Hola! Soy tu asistente de Python. Dime una
categoría (ejemplo: 'machine learning', 'ciencia de
datos') y te sugeriré librerías.")
    while True:
        user_input = input("Tú: ")
        if user_input.lower() == "salir":
            print("¡Hasta luego! Espero haberte ayudado a
descubrir librerías nuevas.")
            break
        response = recommend_libraries(user_input)
        print(f"Chatbot: {response}")

# Ejecutar el chatbot
chatbot()
```

Explicación del código:

1. Diccionario library_recommendations: Este diccionario contiene categorías como machine learning y ciencia de datos, con una lista de tuplas para cada categoría. Cada tupla tiene el nombre de una librería y una breve descripción.
2. Función recommend_libraries: Esta función revisa el user_input para ver si incluye alguna categoría del diccionario. Si encuentra una coincidencia, devuelve una lista de recomendaciones de librerías en esa categoría. Si no encuentra ninguna, devuelve un mensaje indicando que no tiene recomendaciones para esa área.
3. Función principal chatbot: Esta función da la bienvenida al usuario, inicia un bucle de conversación y espera un tema de interés. Si el usuario escribe "salir", la conversación termina. De lo contrario, el chatbot llama a recommend_libraries y responde con recomendaciones según el área de interés indicada.

Ejercicio 90: Chatbot de Recomendación de Ejercicios para Bajar de Peso

Descripción: Este chatbot ayuda a los usuarios a crear una rutina de ejercicios para perder peso. Dependiendo de la preferencia del usuario (bajo, medio o alto impacto), el chatbot sugiere una serie de ejercicios adecuados y el tiempo recomendado para cada uno. También proporciona consejos básicos sobre la importancia de la consistencia y la variedad en el entrenamiento.

```
# Diccionario de recomendaciones de ejercicios
exercise_recommendations = {
    "bajo impacto": [
        ("Caminar a paso ligero", "Realiza una caminata
de 30-45 minutos a un ritmo moderado."),
        ("Yoga", "Practica 30 minutos de yoga,
enfocándote en la flexibilidad y el fortalecimiento."),
        ("Bicicleta estática", "Pedalea a ritmo suave
durante 20-30 minutos."),
    ],
    "medio impacto": [
        ("Entrenamiento en elíptica", "Haz 30 minutos de
elíptica alternando ritmos suaves y moderados."),
        ("Bodyweight workout", "Realiza 3 series de 10-15
repeticiones de ejercicios con el propio peso, como
sentadillas y flexiones."),
        ("Zumba", "Baila al ritmo de Zumba durante 30
minutos para quemar calorías."),
    ],
    "alto impacto": [
        ("HIIT (High-Intensity Interval Training)",
"Realiza una sesión de 20 minutos de HIIT alternando 30
segundos de alta intensidad y 15 segundos de descanso."),
        ("Correr", "Corre a un ritmo intenso durante 20-
30 minutos para quemar grasa rápidamente."),
```

```python
        ("Circuito de fuerza y cardio", "Haz un circuito
que incluya burpees, saltos y mountain climbers, 3 series
de 12 repeticiones."),
    ]
}

# Función para recomendar ejercicios basados en el nivel
de impacto
def recommend_exercises(user_input):
    user_input = user_input.lower()
    if user_input in exercise_recommendations:
        exercises = exercise_recommendations[user_input]
        response = f"Para un entrenamiento de
{user_input}, te recomiendo los siguientes ejercicios:\n"
        for exercise, details in exercises:
            response += f"- {exercise}: {details}\n"
        response += "\nRecuerda mantener la consistencia
en tu rutina y combinar ejercicios de fuerza y
resistencia para obtener mejores resultados."
        return response
    else:
        return "No tengo recomendaciones para ese nivel
de impacto. Intenta preguntar por 'bajo impacto', 'medio
impacto' o 'alto impacto'."

# Conversación del chatbot
def chatbot():
    print("¡Hola! Soy tu asistente de ejercicios. Dime el
tipo de ejercicio que prefieres: 'bajo impacto', 'medio
impacto' o 'alto impacto', y te recomendaré una rutina.")
    while True:
        user_input = input("Tú: ")
        if user_input.lower() == "salir":
            print("¡Buena suerte con tu entrenamiento!
Recuerda que la consistencia es clave.")
            break
        response = recommend_exercises(user_input)
        print(f"Chatbot: {response}")
```

```
# Ejecutar el chatbot
chatbot()
```

Explicación del código:

1. Diccionario exercise_recommendations: Contiene recomendaciones para tres niveles de impacto: bajo, medio y alto. Cada entrada tiene un ejercicio específico y detalles sobre la duración o número de series/repeticiones recomendadas.
2. Función recommend_exercises: La función recibe el user_input para detectar el nivel de impacto deseado por el usuario. Si coincide con una de las claves en exercise_recommendations, responde con una lista de ejercicios y recomendaciones. De lo contrario, sugiere otros niveles de impacto.
3. Función principal chatbot: Inicia la conversación, permitiendo al usuario pedir recomendaciones de ejercicios según su nivel de preferencia. El chatbot finaliza si el usuario escribe "salir".

Ejercicio 91: Chatbot para Crear Rutinas Semanales de Entrenamiento Personalizadas

Descripción: Este chatbot crea una rutina semanal basada en la información proporcionada por el usuario: nivel de experiencia (principiante, intermedio, avanzado), tiempo disponible para entrenar por sesión y preferencia de actividad (cardio, fuerza o mixto). Con esta información, el chatbot sugiere una rutina que abarca distintos tipos de ejercicio, distribuidos a lo largo de la semana.
Objetivo del chatbot:
1. Realizar preguntas al usuario para obtener sus preferencias y nivel de experiencia.
2. Generar una rutina semanal personalizada.
3. Sugerir días de descanso y combinación de tipos de ejercicio.

```
# Diccionario con tipos de entrenamiento según el nivel
de experiencia
```

```
weekly_routines = {
    "principiante": {
        "cardio": ["Lunes: 30 min de caminata rápida",
"Miércoles: 30 min de bicicleta estática", "Viernes: 30
min de caminata rápida"],
        "fuerza": ["Martes: Ejercicios básicos de fuerza
(3x12 repeticiones)", "Jueves: Ejercicios de fuerza
enfocados en el core (3x12 repeticiones)", "Sábado:
Ejercicios de resistencia de cuerpo completo (3x10
repeticiones)"],
        "mixto": ["Lunes: 20 min de cardio + ejercicios
básicos de fuerza", "Miércoles: 30 min de cardio + core",
"Viernes: 30 min de cardio + cuerpo completo"]
    },
    "intermedio": {
        "cardio": ["Lunes: 40 min de jogging",
"Miércoles: 30 min de HIIT", "Viernes: 40 min de
ciclismo"],
        "fuerza": ["Martes: Fuerza (cuerpo superior, 4x10
repeticiones)", "Jueves: Fuerza (cuerpo inferior, 4x10
repeticiones)", "Sábado: Core y movilidad (3x15
repeticiones)"],
        "mixto": ["Lunes: 30 min de cardio + fuerza
(cuerpo superior)", "Miércoles: HIIT + core", "Viernes:
40 min de cardio + fuerza (cuerpo inferior)"]
    },
    "avanzado": {
        "cardio": ["Lunes: 50 min de carrera",
"Miércoles: HIIT intensivo (20 min)", "Viernes: 60 min de
bicicleta a ritmo intenso"],
        "fuerza": ["Martes: Fuerza avanzada (cuerpo
superior, 5x8 repeticiones)", "Jueves: Fuerza avanzada
(cuerpo inferior, 5x8 repeticiones)", "Sábado: Core
avanzado y movilidad (4x15 repeticiones)"],
        "mixto": ["Lunes: HIIT + fuerza (cuerpo
superior)", "Miércoles: Carrera + core avanzado",
"Viernes: Circuito intensivo de fuerza (cuerpo
inferior)"]
```

```python
        }
}

# Función para generar rutina semanal basada en
experiencia y preferencia
def generate_weekly_routine(level, preference):
    routine = weekly_routines.get(level,
{}).get(preference, None)
    if routine:
        response = f"Tu rutina semanal de entrenamiento
({level.capitalize()}, {preference.capitalize()}):\n"
        for day_routine in routine:
            response += f"- {day_routine}\n"
        response += "\nRecuerda incluir días de descanso
y seguir una alimentación adecuada para maximizar
resultados."
    else:
        response = "Lo siento, no tengo una rutina para
esa combinación. Intenta con otros valores de nivel o
preferencia."
    return response

# Conversación del chatbot
def chatbot():
    print("¡Bienvenido! Te ayudaré a planificar una
rutina semanal personalizada para perder peso.")
    # Obtener nivel de experiencia
    level = input("¿Cuál es tu nivel de experiencia?
(principiante/intermedio/avanzado): ").strip().lower()
    # Obtener preferencia de actividad
    preference = input("¿Prefieres hacer cardio, fuerza o
un entrenamiento mixto?: ").strip().lower()

    # Generar y mostrar rutina
    response = generate_weekly_routine(level, preference)
    print(f"\nChatbot: {response}")

# Ejecutar el chatbot
```

```
chatbot()
```

Explicación del código:

1. Diccionario weekly_routines: Este diccionario contiene las rutinas semanales para los niveles "principiante", "intermedio" y "avanzado". Cada nivel tiene tres opciones de rutina (cardio, fuerza y mixto) que incluyen recomendaciones específicas para cada día de la semana.
2. Función generate_weekly_routine: Esta función toma como parámetros el nivel y la preferencia de actividad del usuario y, según esta información, selecciona una rutina semanal del diccionario weekly_routines. Si el nivel o preferencia no se encuentran en el diccionario, devuelve un mensaje de error.
3. Función principal chatbot: La función inicia la conversación y solicita al usuario su nivel de experiencia y preferencia de actividad. Luego, llama a generate_weekly_routine para mostrar una rutina semanal personalizada.

Ejemplo de interacción con el usuario:

- Usuario: principiante
- Usuario: cardio
- Chatbot:

Tu rutina semanal de entrenamiento (Principiante, Cardio):
- Lunes: 30 min de caminata rápida
- Miércoles: 30 min de bicicleta estática
- Viernes: 30 min de caminata rápida

Recuerda incluir días de descanso y seguir una alimentación adecuada para maximizar

Ejercicio 92: Chatbot de Aprendizaje de Programación en Python

Descripción: Este chatbot ayuda a los usuarios que están aprendiendo Python, ofreciendo explicaciones sobre conceptos básicos como variables, bucles, condicionales, y funciones. Cada vez que el usuario ingresa un tema, el chatbot le proporciona una explicación simple y un ejemplo de código en Python. Si el tema no está en su base de datos, le sugerirá al usuario intentar con otro tema.

```python
# Diccionario con explicaciones y ejemplos de código en
Python
python_concepts = {
    "variables": {
        "explanation": "Una variable es un contenedor
para almacenar datos. En Python, puedes crear una
variable asignándole un valor.",
        "example": "x = 10\nprint(x)"
    },
    "bucles": {
        "explanation": "Los bucles te permiten repetir un
bloque de código varias veces. En Python, los bucles
comunes son 'for' y 'while'.",
        "example": "for i in range(5):\n    print(i)"
    },
    "condicionales": {
        "explanation": "Los condicionales te permiten
ejecutar código basado en condiciones. Usualmente se usa
'if', 'elif' y 'else'.",
        "example": "x = 10\nif x > 5:\n    print('x es
mayor que 5')\nelse:\n    print('x es 5 o menor')"
    },
    "funciones": {
        "explanation": "Una función es un bloque de
código que realiza una tarea específica. Puedes definir
una función con la palabra clave 'def'.",
        "example": "def saludo():\n
print('Hola!')\nsaludo()"
    }
}

# Función para obtener la explicación y el ejemplo de un
concepto
def get_concept_info(concept):
```

```python
        concept = concept.lower()
        if concept in python_concepts:
            explanation =
python_concepts[concept]["explanation"]
            example = python_concepts[concept]["example"]
            response = f"**Explicación**:
{explanation}\n\n**Ejemplo**:\n{example}"
        else:
            response = "Lo siento, no tengo información sobre
ese concepto. Prueba con otro como 'variables', 'bucles',
'condicionales', o 'funciones'."
        return response

# Conversación del chatbot
def chatbot():
    print("¡Hola! Soy tu asistente de programación en
Python. Pídeme que te explique algún concepto básico como
'variables', 'bucles', 'condicionales' o 'funciones'.")
    while True:
        user_input = input("Tú: ")
        if user_input.lower() == "salir":
            print("¡Hasta luego! Sigue aprendiendo y
practicando Python.")
            break
        response = get_concept_info(user_input)
        print(f"Chatbot: {response}")

# Ejecutar el chatbot
chatbot()
```

Explicación del código:

1. Diccionario python_concepts: Este diccionario contiene algunos conceptos básicos de Python junto con una breve explicación y un ejemplo de código. Los temas incluyen "variables", "bucles", "condicionales" y "funciones".

2. Función get_concept_info: Toma el concepto solicitado por el usuario y verifica si existe en el diccionario python_concepts. Si el

concepto está presente, la función construye una respuesta con la explicación y el ejemplo; si no, sugiere intentar con otro concepto.
3. Función principal chatbot: Esta función inicia la conversación con el usuario. Permite al usuario pedir explicaciones de conceptos, muestra la información correspondiente, y termina cuando el usuario escribe "salir".

Ejercicio 93: Chatbot de Asesoría en Alimentación Saludable

Descripción: Este chatbot proporciona recomendaciones sobre alimentos y nutrientes basados en los objetivos del usuario: perder peso, ganar masa muscular, o mantener el peso. También puede responder preguntas sobre nutrientes como proteínas, carbohidratos y grasas.

```python
# Diccionario con recomendaciones de alimentos y
explicaciones de nutrientes
nutrition_advice = {
    "perder peso": {
        "recommendation": [
            "Incluye más verduras y frutas en tu dieta
para sentirte lleno con menos calorías.",
            "Opta por proteínas magras como pollo,
pescado o tofu.",
            "Evita bebidas azucaradas y reduce el consumo
de alimentos procesados."
        ]
    },
    "ganar masa muscular": {
        "recommendation": [
            "Aumenta el consumo de proteínas (pollo,
pescado, huevos, legumbres).",
            "Incorpora carbohidratos complejos como arroz
integral, avena y batatas.",
            "Incluye grasas saludables como aguacate,
frutos secos y aceite de oliva."
```

```python
            ]
        },
        "mantener peso": {
            "recommendation": [
                "Lleva una dieta equilibrada con
carbohidratos, proteínas y grasas saludables.",
                "Consume una variedad de alimentos para
obtener todos los nutrientes necesarios.",
                "Mantén un consumo moderado de alimentos
altos en azúcar o grasas saturadas."
            ]
        },
        "nutrientes": {
            "proteínas": "Las proteínas son esenciales para
la construcción y reparación de tejidos. Se encuentran en
carne, pescado, huevos y legumbres.",
            "carbohidratos": "Los carbohidratos son la
principal fuente de energía. Se encuentran en pan, pasta,
frutas y verduras.",
            "grasas": "Las grasas saludables son importantes
para el cuerpo y se encuentran en alimentos como
aguacate, aceite de oliva y frutos secos."
        }
}

# Función para obtener recomendaciones o información de
nutrientes
def get_nutrition_info(goal):
    goal = goal.lower()
    if goal in nutrition_advice:
        # Verifica si es un objetivo de salud general
(perder peso, ganar masa muscular, etc.)
        if "recommendation" in nutrition_advice[goal]:
            recommendations =
nutrition_advice[goal]["recommendation"]
            response = f"Aquí tienes algunas
recomendaciones para {goal}:\n" + "\n".join(f"- {rec}"
for rec in recommendations)
```

```python
        # Verifica si es un nutriente específico
(proteínas, carbohidratos, grasas)
        else:
            response = f"{nutrition_advice[goal]}"
        elif goal in nutrition_advice["nutrientes"]:
            response =
f"{nutrition_advice['nutrientes'][goal]}"
        else:
            response = "Lo siento, no tengo información sobre
ese tema. Puedes preguntar sobre 'perder peso', 'ganar
masa muscular', 'mantener peso' o nutrientes como
'proteínas', 'carbohidratos' y 'grasas'."
        return response

# Conversación del chatbot
def chatbot():
    print("¡Hola! Soy tu asesor de alimentación
saludable. Pregúntame sobre cómo 'perder peso', 'ganar
masa muscular', 'mantener peso' o sobre nutrientes
específicos como 'proteínas', 'carbohidratos' o
'grasas'.")
    while True:
        user_input = input("Tú: ")
        if user_input.lower() == "salir":
            print("¡Cuida tu salud! Nos vemos pronto.")
            break
        response = get_nutrition_info(user_input)
        print(f"Chatbot: {response}")

# Ejecutar el chatbot
chatbot()
```

Explicación del código:
1. Diccionario nutrition_advice: Este diccionario contiene recomendaciones de alimentos y explicaciones de nutrientes básicos. Las recomendaciones están organizadas en base a objetivos comunes: "perder peso", "ganar masa muscular" y

"mantener peso". También contiene definiciones de nutrientes básicos: "proteínas", "carbohidratos" y "grasas".

2. Función get_nutrition_info: Esta función toma el objetivo o nutriente del usuario y devuelve recomendaciones o una descripción según el diccionario nutrition_advice. Si el concepto no está en el diccionario, sugiere al usuario temas que sí puede responder.

3. Función principal chatbot: Inicia la conversación y le permite al usuario hacer preguntas sobre nutrición. La conversación continúa hasta que el usuario escriba "salir".

Ejercicio 94: Asistente de Estudio para Matemáticas Avanzadas

Descripción: El chatbot responde a preguntas matemáticas específicas en diferentes áreas, identifica el tipo de problema que el usuario necesita resolver (como derivadas, matrices, o estadística), y proporciona una guía paso a paso o la solución final. También incluye la capacidad de responder a conceptos básicos para facilitar la comprensión.

Explicación del código:
1. Función solve_derivative: Calcula la derivada de una expresión matemática en función de la variable especificada usando SymPy.
2. Función solve_integral: Calcula la integral indefinida de una expresión dada con respecto a una variable, también usando SymPy.

Función solve_matrix_determinant: Calcula el

```python
import sympy as sp
import numpy as np

# Funciones de cálculo matemático
def solve_derivative(expression, variable):
    """Calcula la derivada de una expresión matemática
dada."""
```

```python
    expr = sp.sympify(expression)
    derivative = sp.diff(expr, sp.Symbol(variable))
    return f"La derivada de {expression} con respecto a
{variable} es {derivative}"

def solve_integral(expression, variable):
    """Calcula la integral de una expresión matemática
dada."""
    expr = sp.sympify(expression)
    integral = sp.integrate(expr, sp.Symbol(variable))
    return f"La integral de {expression} con respecto a
{variable} es {integral}"

def solve_matrix_determinant(matrix):
    """Calcula el determinante de una matriz cuadrada."""
    matrix = np.array(matrix)
    if matrix.shape[0] == matrix.shape[1]:  # La matriz
debe ser cuadrada
        determinant = np.linalg.det(matrix)
        return f"El determinante de la matriz es
{determinant:.2f}"
    else:
        return "La matriz debe ser cuadrada para calcular
el determinante."

# Identifica el tipo de problema y responde en
consecuencia
def math_assistant():
    print("¡Hola! Soy tu asistente de estudio de
matemáticas avanzadas. Puedo ayudarte con derivadas,
integrales y álgebra lineal.")
    while True:
        user_input = input("¿Qué te gustaría resolver?
(Escribe 'salir' para terminar): ")
        if user_input.lower() == "salir":
            print("¡Feliz estudio! ¡Hasta luego!")
            break
        elif "derivada" in user_input:
```

```
        expression = input("Introduce la expresión a
derivar (ej. x**2 + 2*x): ")
        variable = input("Introduce la variable
respecto a la cual derivar (ej. x): ")
        response = solve_derivative(expression,
variable)
    elif "integral" in user_input:
        expression = input("Introduce la expresión a
integrar (ej. x**2 + 2*x): ")
        variable = input("Introduce la variable
respecto a la cual integrar (ej. x): ")
        response = solve_integral(expression,
variable)
    elif "determinante" in user_input:
        print("Introduce la matriz fila por fila (ej.
[[1, 2], [3, 4]]): ")
        matrix = eval(input("Introduce la matriz: "))
        response = solve_matrix_determinant(matrix)
    else:
        response = "Lo siento, por ahora solo puedo
ayudarte con derivadas, integrales y determinantes de
matrices. ¡Intenta con uno de estos temas!"
    print(f"Chatbot: {response}")

# Ejecutar el asistente matemático
math_assistant()
```

1. determinante de una matriz cuadrada usando NumPy, validando que la matriz sea cuadrada antes de intentar calcular el determinante.
2. Función principal math_assistant: Maneja la conversación con el usuario. Reconoce palabras clave como "derivada," "integral," y "determinante" para dirigir la solicitud a la función matemática correcta, proporcionando así una experiencia interactiva.

Ejercicio 95: Asistente de Álgebra Abstracta

Descripción: El chatbot responde a preguntas sobre operaciones con grupos, anillos y cuerpos, identificando las propiedades relevantes y realizando operaciones básicas. También incluye explicaciones sobre las definiciones y características de los objetos algebraicos.

```python
import sympy as sp
from sympy import Matrix

# Funciones de álgebra abstracta
def group_operation(element1, element2, operation):
    """Simula una operación de un grupo, por ejemplo,
suma o multiplicación."""
    if operation == 'suma':
        return element1 + element2
    elif operation == 'multiplicacion':
        return element1 * element2
    else:
        return "Operación no válida para grupos."


def ring_operation(element1, element2, operation):
    """Simula una operación de un anillo, por ejemplo,
suma y multiplicación."""
    if operation == 'suma':
        return element1 + element2
    elif operation == 'multiplicacion':
        return element1 * element2
    else:
        return "Operación no válida para anillos."


def field_operation(element1, element2, operation):
    """Simula una operación de un cuerpo (field),
generalmente con división y multiplicación."""
    if operation == 'suma':
        return element1 + element2
    elif operation == 'multiplicacion':
        return element1 * element2
```

```python
    elif operation == 'division':
        return element1 / element2 if element2 != 0 else
"No se puede dividir por cero."
    else:
        return "Operación no válida para cuerpos."

# Función principal del asistente de álgebra abstracta
def algebra_assistant():
    print("¡Hola! Soy tu asistente de álgebra abstracta.
Puedo ayudarte con operaciones de grupos, anillos y
cuerpos.")
    while True:
        user_input = input("¿Qué tipo de operación te
gustaría realizar? (Escribe 'salir' para terminar): ")
        if user_input.lower() == "salir":
            print("¡Feliz estudio de álgebra! ¡Hasta
luego!")
            break
        elif "grupo" in user_input:
            element1 = int(input("Introduce el primer
elemento del grupo: "))
            element2 = int(input("Introduce el segundo
elemento del grupo: "))
            operation = input("¿Qué operación quieres
realizar? (suma/multiplicacion): ")
            response = group_operation(element1,
element2, operation)
        elif "anillo" in user_input:
            element1 = int(input("Introduce el primer
elemento del anillo: "))
            element2 = int(input("Introduce el segundo
elemento del anillo: "))
            operation = input("¿Qué operación quieres
realizar? (suma/multiplicacion): ")
            response = ring_operation(element1, element2,
operation)
        elif "cuerpo" in user_input:
```

```
            element1 = float(input("Introduce el primer
elemento del cuerpo: "))
            element2 = float(input("Introduce el segundo
elemento del cuerpo: "))
            operation = input("¿Qué operación quieres
realizar? (suma/multiplicacion/division): ")
            response = field_operation(element1,
element2, operation)
        else:
            response = "Lo siento, solo puedo ayudarte
con operaciones de grupos, anillos o cuerpos. ¡Intenta
con uno de estos temas!"
        print(f"Chatbot: {response}")

# Ejecutar el asistente de álgebra abstracta
algebra_assistant()
```

3. Explicación del código:
4. Funciones de operaciones algebraicas:
5. group_operation: Realiza operaciones básicas como suma y multiplicación sobre elementos de un grupo. Se asume que los elementos son enteros y que las operaciones son válidas.
6. ring_operation: Realiza operaciones de suma y multiplicación en el contexto de un anillo (al igual que un grupo, pero con una estructura algebraica más compleja).
7. field_operation: Realiza operaciones de suma, multiplicación y división en un cuerpo, permitiendo la operación de división que no está permitida en los grupos o anillos.
8. Función principal algebra_assistant: Gestiona la interacción con el usuario. Permite al usuario seleccionar el tipo de operación (grupo, anillo, cuerpo) y realizar la operación correspondiente.
9. Interactividad: El chatbot sigue una conversación donde el usuario especifica el tipo de operación que desea realizar y luego introduce los elementos para realizar la operación. El chatbot ejecuta la operación y da una respuesta adecuada.

Ejercicio 96: Asistente de Cálculo Diferencial e Integral

Descripción: El chatbot responde a preguntas sobre derivadas e integrales de funciones, mostrando los pasos y explicaciones del cálculo. El chatbot utiliza la librería sympy de Python para realizar los cálculos y generar explicaciones de los pasos intermedios.

```python
import sympy as sp

# Función para calcular la derivada de una expresión
matemática
def calcular_derivada(funcion, variable):
    """Calcula la derivada de una función con respecto a
una variable."""
    derivada = sp.diff(funcion, variable)
    return derivada

# Función para calcular la integral de una expresión
matemática
def calcular_integral(funcion, variable):
    """Calcula la integral de una función con respecto a
una variable."""
    integral = sp.integrate(funcion, variable)
    return integral

# Función para que el chatbot resuelva problemas de
cálculo
def calculo_assistant():
    print("¡Hola! Soy tu asistente de cálculo diferencial
e integral.")
    while True:
        # Solicitar al usuario que ingrese una función
        funcion_str = input("Introduce la función
matemática que deseas derivar o integrar (por ejemplo,
'x**2 + 3*x + 2'): ")
        if funcion_str.lower() == 'salir':
```

```
            print("¡Hasta luego! ¡Feliz estudio de
cálculo!")
            break

        try:
            # Convertir la cadena a una expresión
simbólica
            variable = sp.symbols('x')
            funcion = sp.sympify(funcion_str)
        except sp.SympifyError:
            print("Error: No pude interpretar la función.
Asegúrate de que esté bien escrita.")
            continue

        # Preguntar al usuario qué operación desea
realizar
        operacion = input("¿Qué operación deseas
realizar? (derivada/integral): ").lower()

        if operacion == "derivada":
            derivada = calcular_derivada(funcion,
variable)
            print(f"La derivada de {funcion_str} con
respecto a 'x' es: {derivada}")
        elif operacion == "integral":
            integral = calcular_integral(funcion,
variable)
            print(f"La integral de {funcion_str} con
respecto a 'x' es: {integral}")
        else:
            print("Operación no válida. Escribe
'derivada' o 'integral' para calcular.")
        print("-" * 50)

# Ejecutar el asistente de cálculo
calculo_assistant()
```

Explicación del código:
1. Funciones de cálculo:
    o calcular_derivada: Usa la función diff() de la librería sympy
      para calcular la derivada de una expresión simbólica.
    o calcular_integral: Usa la función integrate() de sympy para
      calcular la integral indefinida de una expresión simbólica.
2. Interacción con el usuario:
    o El chatbot solicita una función matemática como entrada, la
      convierte en una expresión simbólica usando sympify(), y
      luego realiza la operación que el usuario elija (derivada o
      integral).
    o El chatbot muestra la derivada o la integral en el formato
      adecuado.
3. Manejo de errores: Si el usuario introduce una función no válida, el
   chatbot lo informará y pedirá una nueva entrada. Además, si la
   operación solicitada no es válida, el chatbot también lo informará.

Ejemplo de interacción:
- Usuario: x**3 + 2*x + 1
- Chatbot:

```
Introduce la función matemática que deseas derivar o
integrar (por ejemplo, 'x**2 + 3*x + 2'): x**3 + 2*x + 1
¿Qué operación deseas realizar? (derivada/integral):
derivada
La derivada de x**3 + 2*x + 1 con respecto a 'x' es:
3*x**2 + 2
```

Explicación de la interacción:
1. El usuario introduce una función matemática en la forma de una
   cadena (por ejemplo, x**3 + 2*x + 1).
2. El chatbot pregunta qué operación quiere realizar (derivada o
   integral).
3. Dependiendo de la operación seleccionada, el chatbot calcula la
   derivada o la integral usando las capacidades simbólicas de sympy.

4. El resultado se muestra en un formato claro y el chatbot ofrece una nueva oportunidad de realizar otro cálculo o salir.

Ejercicio 97: Asistente de Cálculo Numérico para Resolver Ecuaciones

Descripción: El chatbot ayuda al usuario a resolver ecuaciones algebraicas mediante métodos numéricos. Los métodos implementados son el método de Newton-Raphson y el método de la bisección. El chatbot también ofrece una breve explicación de cómo funcionan estos métodos.

```python
import sympy as sp

# Función para calcular la raíz usando el método de
Newton-Raphson
def metodo_newton(f, f_prime, x0, tol=1e-5,
max_iter=100):
    """Implementa el método de Newton-Raphson para
encontrar la raíz de una función."""
    iteraciones = 0
    x = x0
    while iteraciones < max_iter:
        fx = f.subs('x', x)
        fx_prime = f_prime.subs('x', x)
        if abs(fx) < tol:
            return x
        if fx_prime == 0:
            raise ValueError("Derivada nula en la
iteración")
        x = x - fx / fx_prime
        iteraciones += 1
    return x

# Función para calcular la raíz usando el método de la
bisección
```

```python
def metodo_biseccion(f, a, b, tol=1e-5, max_iter=100):
    """Implementa el método de la bisección para
encontrar la raíz de una función."""
    iteraciones = 0
    while iteraciones < max_iter:
        c = (a + b) / 2
        if abs(f.subs('x', c)) < tol:
            return c
        if f.subs('x', a) * f.subs('x', c) < 0:
            b = c
        else:
            a = c
        iteraciones += 1
    return (a + b) / 2


# Función para el chatbot
def calculo_numerico_assistant():
    print("¡Hola! Soy tu asistente de cálculo numérico.")
    while True:
        # Solicitar al usuario que ingrese una ecuación
        ecuacion_str = input("Introduce la ecuación
algebraica (por ejemplo, 'x**2 - 4'): ")
        if ecuacion_str.lower() == 'salir':
            print("¡Hasta luego!")
            break

        try:
            # Convertir la cadena de entrada a una
expresión simbólica
            x = sp.symbols('x')
            ecuacion = sp.sympify(ecuacion_str)
        except sp.SympifyError:
            print("Error: No pude interpretar la
ecuación. Asegúrate de que esté bien escrita.")
            continue

        # Derivada de la ecuación (para Newton-Raphson)
        derivada = sp.diff(ecuacion, x)
```

```
# Solicitar el método de resolución
metodo = input("¿Qué método deseas usar?
(newton/biseccion): ").lower()

if metodo == "newton":
    x0 = float(input("Introduce el valor inicial
para el método de Newton-Raphson: "))
    try:
        raiz = metodo_newton(ecuacion, derivada,
x0)
        print(f"La raíz calculada usando Newton-
Raphson es: {raiz}")
    except Exception as e:
        print(f"Error al calcular la raíz: {e}")
elif metodo == "biseccion":
    a = float(input("Introduce el límite inferior
(a) para el método de la bisección: "))
    b = float(input("Introduce el límite superior
(b) para el método de la bisección: "))
    try:
        raiz = metodo_biseccion(ecuacion, a, b)
        print(f"La raíz calculada usando el
método de la bisección es: {raiz}")
    except Exception as e:
        print(f"Error al calcular la raíz: {e}")
else:
    print("Método no válido. Escribe 'newton' o
'biseccion' para calcular.")
    print("-" * 50)

# Ejecutar el asistente de cálculo numérico
calculo_numerico_assistant()
```

Explicación del código:
1. Métodos numéricos:
   o Método de Newton-Raphson: Este método se utiliza para encontrar las raíces de una función de manera iterativa,

comenzando con una suposición inicial x0. En cada iteración, se ajusta el valor de x utilizando la fórmula x = x - f(x)/f'(x) hasta que se alcanza una tolerancia determinada.

- o Método de la bisección: Este es un método simple para encontrar la raíz de una función en un intervalo [a, b]. El método divide el intervalo a la mitad en cada paso y selecciona el subintervalo en el que la raíz debe encontrarse, iterando hasta que se alcanza la tolerancia.

2. Entrada del usuario:
   - o El chatbot solicita una ecuación matemática en formato de cadena (por ejemplo, 'x**2 - 4').
   - o Luego, el chatbot pregunta qué método desea usar: newton o biseccion.
   - o Dependiendo del método elegido, el chatbot solicita los parámetros necesarios, como el valor inicial para Newton-Raphson o los límites del intervalo para la bisección.

3. Cálculos y resultados:
   - o Si el usuario elige el método de Newton-Raphson, el chatbot calcula la raíz utilizando el valor inicial proporcionado.
   - o Si el usuario elige el método de la bisección, el chatbot calcula la raíz utilizando el intervalo proporcionado.

Ejercicio 98: Asistente de Resolución de Sistemas de Ecuaciones Lineales

Descripción: El chatbot ayuda al usuario a resolver sistemas de ecuaciones lineales utilizando dos métodos numéricos: la eliminación de Gauss y la inversa de la matriz. El chatbot también ofrece una explicación sobre cómo funciona cada método.

```
import numpy as np

# Método de eliminación de Gauss
def metodo_gauss(A, b):
```

```python
    """Resuelve un sistema de ecuaciones lineales Ax = b
usando eliminación de Gauss."""
    n = len(b)
    A = A.astype(float)   # Asegurarse de que la matriz
sea de tipo float
    b = b.astype(float)

    # Ampliar la matriz A con el vector b
    Ab = np.hstack([A, b.reshape(-1, 1)])

    # Aplicar la eliminación de Gauss
    for i in range(n):
        # Pivotar (intercambiar filas si es necesario)
        max_row = np.argmax(np.abs(Ab[i:, i])) + i
        Ab[[i, max_row]] = Ab[[max_row, i]]

        # Hacer ceros debajo del pivote
        for j in range(i + 1, n):
            factor = Ab[j, i] / Ab[i, i]
            Ab[j, i:] -= factor * Ab[i, i:]

    # Sustitución hacia atrás
    x = np.zeros(n)
    for i in range(n - 1, -1, -1):
        x[i] = (Ab[i, -1] - np.dot(Ab[i, i + 1:n], x[i +
1:])) / Ab[i, i]

    return x

# Método de la matriz inversa
def metodo_inversa(A, b):
    """Resuelve un sistema de ecuaciones lineales Ax = b
usando la inversa de la matriz."""
    try:
        A_inv = np.linalg.inv(A)   # Calcula la inversa de
A
        x = np.dot(A_inv, b)   # Multiplica la inversa de
A por b
```

```python
            return x
    except np.linalg.LinAlgError:
        return "La matriz A no es invertible."

# Función para el chatbot
def sistema_ecuaciones_assistant():
    print("¡Hola! Soy tu asistente para resolver sistemas
de ecuaciones lineales.")
    while True:
        # Solicitar al usuario la matriz de coeficientes
A y el vector b
        n = int(input("¿Cuántas ecuaciones tiene el
sistema? "))
        print(f"Introduce la matriz de coeficientes A
({n}x{n}):")
        A = np.array([list(map(float, input(f"Fila {i+1}:
").split())) for i in range(n)])

        b = np.array([float(input(f"Introduce el valor
del término independiente b{i+1}: ")) for i in range(n)])

        # Solicitar el método de resolución
        metodo = input("¿Qué método deseas usar?
(gauss/inversa): ").lower()

        if metodo == "gauss":
            try:
                x = metodo_gauss(A, b)
                print(f"La solución del sistema usando
eliminación de Gauss es: {x}")
            except Exception as e:
                print(f"Error al resolver el sistema:
{e}")
        elif metodo == "inversa":
            x = metodo_inversa(A, b)
            if isinstance(x, str):
                print(x)  # Mensaje de error si la matriz
no es invertible
```

```
        else:
            print(f"La solución del sistema usando la
matriz inversa es: {x}")
        else:
            print("Método no válido. Escribe 'gauss' o
'inversa' para calcular.")
        print("-" * 50)

# Ejecutar el asistente de resolución de sistemas de
ecuaciones
sistema_ecuaciones_assistant()
```

Explicación del código:
1. Métodos numéricos:
    o Eliminación de Gauss: Es un método que convierte el
      sistema de ecuaciones en una matriz escalonada superior
      mediante transformaciones de filas. Una vez que se tiene
      esta forma, se realiza una sustitución hacia atrás para
      obtener la solución del sistema.
    o Método de la inversa de la matriz: Este método resuelve el
      sistema de ecuaciones lineales mediante la multiplicación
      de la inversa de la matriz A por el vector b (siempre y
      cuando la matriz A sea invertible).
2. Entrada del usuario:
    o El chatbot solicita primero el número de ecuaciones (el
      tamaño de la matriz A).
    o Luego pide al usuario que ingrese los valores de la matriz
      de coeficientes A y el vector b de términos independientes.
    o Después, el chatbot pregunta qué método desea usar:
      gauss o inversa.
    o Cálculos y resultados:
    o Si el usuario elige el método de eliminación de Gauss, el
      chatbot resuelve el sistema utilizando ese método y
      muestra la solución.
    o Si el usuario elige el método de la inversa de la matriz, el
      chatbot calcula la solución mediante este método.
    o Manejo de errores:

> o Si el usuario selecciona el método de la inversa de la matriz y la matriz no es invertible, el chatbot maneja la excepción y muestra un mensaje de error.

```
Ejemplo de interacción:
    1. Usuario:
¿Cuántas ecuaciones tiene el sistema? 2
Introduce la matriz de coeficientes A (2x2):
Fila 1: 2 1
Fila 2: 1 3
Introduce el valor del término independiente b1: 8
Introduce el valor del término independiente b2: 13
¿Qué método deseas usar? (gauss/inversa): gauss


Chatbot:
La solución del sistema usando eliminación de Gauss es:
[2. 3.]
```

Ejercicio 99: Asistente de Optimización con Algoritmos Genéticos

Descripción: El chatbot resuelve un problema clásico de optimización: encontrar el máximo de una función matemática usando un algoritmo genético. La función objetivo en este caso es una simple función matemática como la función de Ackley, que se utiliza comúnmente en problemas de optimización.

```python
import numpy as np
import random

# Función de Ackley
def ackley_function(x):
    """Función de Ackley para problemas de
optimización."""
```

```python
    a = 20
    b = 0.2
    c = 2 * np.pi
    n = len(x)
    sum1 = np.sum(x**2)
    sum2 = np.sum(np.cos(c * x))
    return -a * np.exp(-b * np.sqrt(sum1 / n)) -
np.exp(sum2 / n) + a + np.exp(1)

# Inicialización de la población
def initialize_population(pop_size, dimensions):
    """Genera una población inicial de posibles
soluciones."""
    population = np.random.uniform(-32, 32,
size=(pop_size, dimensions))
    return population

# Función de aptitud (fitness)
def fitness(population):
    """Evalúa la aptitud de cada individuo en la
población."""
    return np.array([ackley_function(individual) for
individual in population])

# Selección (torneo)
def tournament_selection(population, fitness_values,
tournament_size=3):
    """Selecciona un individuo usando selección por
torneo."""
    selected = []
    for _ in range(len(population)):
        competitors =
random.sample(range(len(population)), tournament_size)
        best = min(competitors, key=lambda i:
fitness_values[i])
        selected.append(population[best])
    return np.array(selected)
```

```python
# Cruce (crossover)
def crossover(parent1, parent2):
    """Cruzamiento de dos padres para generar un hijo."""
    crossover_point = random.randint(1, len(parent1) - 1)
    child1 = np.concatenate((parent1[:crossover_point],
parent2[crossover_point:]))
    child2 = np.concatenate((parent2[:crossover_point],
parent1[crossover_point:]))
    return child1, child2

# Mutación
def mutate(child, mutation_rate=0.1):
    """Aplica mutación a un hijo con una probabilidad
determinada."""
    if random.random() < mutation_rate:
        mutation_point = random.randint(0, len(child) -
1)
        child[mutation_point] = random.uniform(-32, 32)
# Nuevo valor aleatorio
    return child

# Algoritmo Genético
def genetic_algorithm(pop_size, dimensions,
generations=100, mutation_rate=0.1):
    """Resuelve un problema de optimización usando
algoritmos genéticos."""
    population = initialize_population(pop_size,
dimensions)
    best_solution = None
    best_fitness = float('inf')

    for generation in range(generations):
        fitness_values = fitness(population)
        best_in_generation =
population[np.argmin(fitness_values)]
        best_in_generation_fitness = min(fitness_values)

        if best_in_generation_fitness < best_fitness:
```

```python
            best_solution = best_in_generation
            best_fitness = best_in_generation_fitness

        print(f"Generación {generation + 1}: Mejor
aptitud = {best_fitness}")

        selected = tournament_selection(population,
fitness_values)
        next_generation = []

        for i in range(0, len(selected), 2):
            parent1, parent2 = selected[i], selected[i +
1]
            child1, child2 = crossover(parent1, parent2)
            next_generation.append(mutate(child1,
mutation_rate))
            next_generation.append(mutate(child2,
mutation_rate))

        population = np.array(next_generation)

    return best_solution, best_fitness

# Chatbot interactivo
def optimization_assistant():
    print("¡Hola! Soy tu asistente para resolver
problemas de optimización.")
    while True:
        # Solicitar parámetros al usuario
        dimensions = int(input("¿Cuántas dimensiones
tiene tu problema de optimización? "))
        pop_size = int(input("¿Cuál es el tamaño de la
población? "))
        generations = int(input("¿Cuántas generaciones
deseas ejecutar? "))
        mutation_rate = float(input("¿Cuál es la tasa de
mutación (0-1)? "))
```

```python
    # Ejecutar el algoritmo genético
    print("Ejecutando algoritmo genético...")
    best_solution, best_fitness =
genetic_algorithm(pop_size, dimensions, generations,
mutation_rate)

    print(f"\nLa mejor solución encontrada es:
{best_solution}")
    print(f"Con una aptitud de: {best_fitness}")
    print("-" * 50)

    continuar = input("¿Quieres resolver otro
problema? (sí/no): ").strip().lower()
    if continuar != "sí":
        break

# Ejecutar el chatbot de optimización
optimization_assistant()
```

Explicación del código:
1. Función de Ackley:
   o Se utiliza la función de Ackley, que es una función estándar en problemas de optimización. Esta función tiene un mínimo global conocido en el punto (0, 0, ..., 0).
2. Inicialización de la población:
   o La población inicial de soluciones aleatorias se genera en un rango determinado, en este caso, entre -32 y 32.
3. Evaluación de aptitud:
   o La aptitud de cada individuo en la población se evalúa utilizando la función de Ackley. Cuanto menor sea el valor de la aptitud, mejor es la solución.
4. Selección por torneo:
   o Se eligen los individuos para la siguiente generación mediante un proceso de selección por torneo, donde se seleccionan los mejores de un grupo aleatorio de competidores.
5. Cruzamiento (Crossover):

- o El cruzamiento genera dos hijos a partir de dos padres seleccionados al azar, combinando sus genes (valores) en un punto de cruce.
6. Mutación:
   - o La mutación introduce pequeñas modificaciones aleatorias en los hijos con una probabilidad de mutación determinada (en este caso, 10%).
7. Algoritmo Genético:
   - o El algoritmo se ejecuta durante un número determinado de generaciones, seleccionando y cruzando individuos para generar nuevas soluciones, con el objetivo de acercarse lo más posible al óptimo global.
8. Interacción con el usuario:
   - o El chatbot solicita al usuario que ingrese parámetros como el número de dimensiones del problema, el tamaño de la población, el número de generaciones y la tasa de mutación, luego ejecuta el algoritmo genético y muestra la mejor solución encontrada.

```
Ejemplo de interacción:
Usuario:
¿Cuántas dimensiones tiene tu problema de optimización? 2
¿Cuál es el tamaño de la población? 50
¿Cuántas generaciones deseas ejecutar? 100
¿Cuál es la tasa de mutación (0-1)? 0.1
Chatbot:
Ejecutando algoritmo genético...
Generación 1: Mejor aptitud = 16.19823128378895
Generación 2: Mejor aptitud = 12.84596197421894
Generación 3: Mejor aptitud = 10.372083122870517
...
Generación 100: Mejor aptitud = 0.2023210874159678

La mejor solución encontrada es: [ 0.12345678 -
0.98765432]
Con una aptitud de: 0.2023210874159678
-----------------------------------------------------
¿Quieres resolver otro problema? (sí/no): no
```

Ejercio 100: Chatbot de Optimización de Parámetros en un Sistema de Recomendación con Algoritmos Genéticos

Descripción: Este ejercicio usa un algoritmo genético para encontrar los mejores parámetros en un sistema de recomendación. El sistema de recomendación sugiere productos o servicios en base a la similitud de preferencias entre los usuarios, y el algoritmo genético optimiza el proceso de afinación de los parámetros del sistema para mejorar las recomendaciones.

```python
import numpy as np
import random

# Simulación de un sistema de recomendación simple
(basado en similitudes)
def recommendation_system(user_preferences,
item_features, weights):
    """Simula un sistema de recomendación calculando una
puntuación basada en las preferencias de los usuarios y
características de los ítems."""
    score = np.dot(user_preferences, item_features) *
weights  # Multiplicación de las preferencias y
características ponderadas
    return score

# Función de aptitud para el algoritmo genético
def fitness_function(weights, user_preferences,
item_features, actual_scores):
    """Evalúa la aptitud de los parámetros del sistema de
recomendación comparando las recomendaciones con las
puntuaciones reales."""
    predicted_scores =
recommendation_system(user_preferences, item_features,
weights)
    error = np.sum((predicted_scores - actual_scores) **
2)   # Error cuadrático medio
    return error
```

```python
# Inicialización de la población
def initialize_population(pop_size, num_weights):
    """Genera una población inicial de posibles
soluciones para los pesos de las recomendaciones."""
    population = np.random.uniform(-1, 1, size=(pop_size,
num_weights))
    return population

# Selección (torneo)
def tournament_selection(population, fitness_values,
tournament_size=3):
    """Selecciona individuos mediante selección por
torneo."""
    selected = []
    for _ in range(len(population)):
        competitors =
random.sample(range(len(population)), tournament_size)
        best = min(competitors, key=lambda i:
fitness_values[i])
        selected.append(population[best])
    return np.array(selected)

# Cruce (crossover)
def crossover(parent1, parent2):
    """Cruza dos padres para generar dos hijos."""
    crossover_point = random.randint(1, len(parent1) - 1)
    child1 = np.concatenate((parent1[:crossover_point],
parent2[crossover_point:]))
    child2 = np.concatenate((parent2[:crossover_point],
parent1[crossover_point:]))
    return child1, child2

# Mutación
def mutate(child, mutation_rate=0.1):
    """Aplica mutación a un hijo con una probabilidad
dada."""
    if random.random() < mutation_rate:
```

```python
        mutation_point = random.randint(0, len(child) -
1)
        child[mutation_point] = random.uniform(-1, 1)  #
Mutar el valor en ese punto
    return child

# Algoritmo Genético
def genetic_algorithm(pop_size, num_weights,
generations=100, mutation_rate=0.1,
user_preferences=None, item_features=None,
actual_scores=None):
    """Resuelve el problema de optimización usando
algoritmos genéticos para un sistema de recomendación."""
    population = initialize_population(pop_size,
num_weights)
    best_solution = None
    best_fitness = float('inf')

    for generation in range(generations):
        fitness_values =
np.array([fitness_function(individual, user_preferences,
item_features, actual_scores) for individual in
population])
        best_in_generation =
population[np.argmin(fitness_values)]
        best_in_generation_fitness = min(fitness_values)

        if best_in_generation_fitness < best_fitness:
            best_solution = best_in_generation
            best_fitness = best_in_generation_fitness

        print(f"Generación {generation + 1}: Mejor
aptitud = {best_fitness}")

        selected = tournament_selection(population,
fitness_values)
        next_generation = []
```

```python
        for i in range(0, len(selected), 2):
            parent1, parent2 = selected[i], selected[i +
1]
            child1, child2 = crossover(parent1, parent2)
            next_generation.append(mutate(child1,
mutation_rate))
            next_generation.append(mutate(child2,
mutation_rate))

        population = np.array(next_generation)

    return best_solution, best_fitness

# Chatbot interactivo
def recommendation_optimizer_chatbot():
    print("¡Hola! Soy tu asistente para optimizar un
sistema de recomendación.")
    while True:
        # Solicitar parámetros al usuario
        pop_size = int(input("¿Cuál es el tamaño de la
población? "))
        num_weights = int(input("¿Cuántos parámetros
(pesos) deseas optimizar? "))
        generations = int(input("¿Cuántas generaciones
deseas ejecutar? "))
        mutation_rate = float(input("¿Cuál es la tasa de
mutación (0-1)? "))

        # Simulación de preferencias de usuario,
características de los ítems y puntuaciones reales
        user_preferences = np.random.uniform(0, 1,
size=num_weights)
        item_features = np.random.uniform(0, 1,
size=num_weights)
        actual_scores = np.random.uniform(0, 10,
size=num_weights)
```

```
        # Ejecutar el algoritmo genético para
optimización
        print("Ejecutando algoritmo genético para
optimización del sistema de recomendación...")
        best_solution, best_fitness =
genetic_algorithm(pop_size, num_weights, generations,
mutation_rate, user_preferences, item_features,
actual_scores)

        print(f"\nLa mejor solución encontrada (pesos
óptimos) es: {best_solution}")
        print(f"Con una aptitud de: {best_fitness}")
        print("-" * 50)

        continuar = input("¿Quieres optimizar otro
sistema de recomendación? (sí/no): ").strip().lower()
        if continuar != "sí":
            break

# Ejecutar el chatbot de optimización del sistema de
recomendación
recommendation_optimizer_chatbot()
```

Explicación del código:
1. Sistema de Recomendación:
    o   El chatbot simula un sistema de recomendación simple
        donde las recomendaciones se basan en las preferencias
        de los usuarios y las características de los ítems. Los
        parámetros de este sistema (los pesos que determinan la
        importancia de cada característica) son lo que optimiza el
        algoritmo genético.
2. Evaluación de aptitud:
    o   La aptitud de cada conjunto de pesos (parámetros) se
        evalúa calculando el error cuadrático medio entre las
        puntuaciones predichas por el sistema de recomendación y
        las puntuaciones reales (simuladas aquí).
3. Algoritmo Genético:

- o El algoritmo genético optimiza los pesos del sistema de recomendación, buscando minimizar el error cuadrático medio (es decir, mejorar la calidad de las recomendaciones).
4. Interacción con el usuario:
    - o El chatbot pide al usuario que ingrese parámetros como el tamaño de la población, el número de pesos a optimizar, el número de generaciones y la tasa de mutación. Luego, ejecuta el algoritmo genético y muestra la mejor solución encontrada (los pesos óptimos).

```
Ejemplo de interacción:
    1. Usuario:
¿Cuál es el tamaño de la población? 50
¿Cuántos parámetros (pesos) deseas optimizar? 3
¿Cuántas generaciones deseas ejecutar? 100
¿Cuál es la tasa de mutación (0-1)? 0.1

    • Chatbot:
Ejecutando algoritmo genético para optimización del
sistema de recomendación...
Generación 1: Mejor aptitud = 68.57
Generación 2: Mejor aptitud = 45.32
Generación 3: Mejor aptitud = 32.76

...
Generación 100: Mejor aptitud = 0.59

La mejor solución encontrada (pesos óptimos) es: [0.34
0.23 0.78]
Con una aptitud de: 0.59
--------------------------------------------------
¿Quieres optimizar otro sistema de recomendación?
(sí/no): no
```

Este ejercicio avanzado se puede expandir para incluir más parámetros o para adaptar el sistema de recomendación a otros tipos de problemas, como recomendaciones basadas en filtrado colaborativo o contenido. También se puede mejorar con el uso de técnicas de optimización multi-objetivo si se requieren múltiples objetivos en la optimización.

Ejercicio 101: Chatbot para Optimización de Estrategias de Trading con Algoritmos Genéticos

Descripción: En este ejercicio, el chatbot utiliza un algoritmo genético para optimizar los parámetros de una estrategia de trading, ajustando los umbrales de compra y venta para maximizar el retorno en un conjunto de datos de precios históricos de acciones.

```python
import numpy as np
import random

# Función de simulación de trading
def trading_simulation(prices, buy_threshold,
sell_threshold):
    """
    Simula una estrategia de trading basada en un umbral
de compra y venta.
    Compra cuando el precio es menor que el umbral de
compra, y vende cuando es mayor que el umbral de venta.
    """
    balance = 10000  # Saldo inicial
    stock = 0  # Sin acciones al principio
    for price in prices:
        if price < buy_threshold and balance >= price:  #
Comprar
            stock += 1
            balance -= price
        elif price > sell_threshold and stock > 0:  #
Vender
            stock -= 1
            balance += price
```

```python
    # Al final, vender todas las acciones que quedan al
último precio
    balance += stock * prices[-1]
    return balance

# Función de aptitud para el algoritmo genético
def fitness_function(params, prices):
    """
    Función de aptitud que mide la efectividad de los
umbrales de compra y venta.
    Cuanto mayor sea el saldo final, mejor será la
solución.
    """
    buy_threshold, sell_threshold = params
    final_balance = trading_simulation(prices,
buy_threshold, sell_threshold)
    return -final_balance  # Queremos maximizar el saldo,
por lo que minimizamos el negativo

# Inicialización de la población
def initialize_population(pop_size, num_params):
    """Genera una población inicial de soluciones
posibles (comprar y vender umbrales)."""
    population = np.random.uniform(0, 1000,
size=(pop_size, num_params))
    return population

# Selección (torneo)
def tournament_selection(population, fitness_values,
tournament_size=3):
    """Selecciona individuos mediante selección por
torneo."""
    selected = []
    for _ in range(len(population)):
        competitors =
random.sample(range(len(population)), tournament_size)
        best = min(competitors, key=lambda i:
fitness_values[i])
```

```python
        selected.append(population[best])
    return np.array(selected)

# Cruce (crossover)
def crossover(parent1, parent2):
    """Cruza dos padres para generar dos hijos."""
    crossover_point = random.randint(1, len(parent1) - 1)
    child1 = np.concatenate((parent1[:crossover_point],
parent2[crossover_point:]))
    child2 = np.concatenate((parent2[:crossover_point],
parent1[crossover_point:]))
    return child1, child2

# Mutación
def mutate(child, mutation_rate=0.1):
    """Aplica mutación a un hijo con una probabilidad
dada."""
    if random.random() < mutation_rate:
        mutation_point = random.randint(0, len(child) -
1)
        child[mutation_point] = random.uniform(0, 1000)
# Mutar el valor en ese punto
    return child

# Algoritmo Genético
def genetic_algorithm(pop_size, num_params,
generations=100, mutation_rate=0.1, prices=None):
    """Resuelve el problema de optimización usando
algoritmos genéticos para una estrategia de trading."""
    population = initialize_population(pop_size,
num_params)
    best_solution = None
    best_fitness = float('inf')

    for generation in range(generations):
        fitness_values =
np.array([fitness_function(individual, prices) for
individual in population])
```

```python
        best_in_generation =
population[np.argmin(fitness_values)]
        best_in_generation_fitness = min(fitness_values)

        if best_in_generation_fitness < best_fitness:
            best_solution = best_in_generation
            best_fitness = best_in_generation_fitness

        print(f"Generación {generation + 1}: Mejor
aptitud = {-best_fitness}")

        selected = tournament_selection(population,
fitness_values)
        next_generation = []

        for i in range(0, len(selected), 2):
            parent1, parent2 = selected[i], selected[i +
1]
            child1, child2 = crossover(parent1, parent2)
            next_generation.append(mutate(child1,
mutation_rate))
            next_generation.append(mutate(child2,
mutation_rate))

        population = np.array(next_generation)

    return best_solution, best_fitness

# Chatbot interactivo
def trading_optimizer_chatbot():
    print("¡Hola! Soy tu asistente para optimizar una
estrategia de trading.")
    while True:
        # Solicitar parámetros al usuario
        pop_size = int(input("¿Cuál es el tamaño de la
población? "))
```

```python
        num_params = int(input("¿Cuántos parámetros
(umbrales) deseas optimizar? (Ej: 2 para compra y venta)
"))
        generations = int(input("¿Cuántas generaciones
deseas ejecutar? "))
        mutation_rate = float(input("¿Cuál es la tasa de
mutación (0-1)? "))

        # Simulación de precios históricos de acciones
(aleatorios)
        prices = np.random.uniform(100, 500, size=100)  #
Precios de ejemplo

        # Ejecutar el algoritmo genético para
optimización
        print("Ejecutando algoritmo genético para
optimización de la estrategia de trading...")
        best_solution, best_fitness =
genetic_algorithm(pop_size, num_params, generations,
mutation_rate, prices)

        print(f"\nLa mejor solución encontrada (umbrales
de compra y venta) es: {best_solution}")
        print(f"Con una aptitud de: {-best_fitness}")
        print("-" * 50)

        continuar = input("¿Quieres optimizar otra
estrategia de trading? (sí/no): ").strip().lower()
        if continuar != "sí":
            break

# Ejecutar el chatbot de optimización de la estrategia de
trading
trading_optimizer_chatbot()
```

Explicación del código:
1. Simulación de Trading:

- La función trading_simulation simula una estrategia de trading simple donde el usuario compra acciones cuando el precio es menor que el umbral de compra y las vende cuando el precio supera el umbral de venta. El balance final se calcula sumando el valor de las acciones restantes y el saldo disponible.
2. Función de Aptitud:
   - La función de aptitud (fitness_function) evalúa qué tan bien funciona una estrategia de trading dada comparando el balance final del trading con los umbrales de compra y venta.
3. Algoritmo Genético:
   - Se utiliza un algoritmo genético para optimizar los umbrales de compra y venta, buscando la combinación de parámetros que maximice el saldo final de la estrategia de trading.
4. Interacción con el usuario:
   - El chatbot solicita los parámetros como el tamaño de la población, el número de umbrales a optimizar, el número de generaciones y la tasa de mutación. Luego, ejecuta el algoritmo genético y muestra la mejor solución encontrada (los umbrales óptimos).

```
Ejemplo de interacción:
  1. Usuario:
¿Cuál es el tamaño de la población? 50
¿Cuántos parámetros (umbrales) deseas optimizar? 2
¿Cuántas generaciones deseas ejecutar? 100
¿Cuál es la tasa de mutación (0-1)? 0.05
  • Chatbot:
Ejecutando algoritmo genético para optimización de la
estrategia de trading...
Generación 1: Mejor aptitud = -10245.7
Generación 2: Mejor aptitud = -9801.3
Generación 3: Mejor aptitud = -9450.2
...
Generación 100: Mejor aptitud = -9000.4
```

```
La mejor solución encontrada (umbrales de compra y venta)
es: [234.1   450.8]
Con una aptitud de: 9000.4
--------------------------------------------------
¿Quieres optimizar otra estrategia de trading? (sí/no):
no
```

Este ejercicio se puede adaptar a estrategias de trading más complejas y también se pueden integrar otras técnicas de optimización, como optimización multi-objetivo o algoritmos evolutivos avanzados, para mejorar el rendimiento en diferentes aspectos de la estrategia de trading.

Ejercicio 102: Chatbot para Optimización de Parámetros de una Red Neuronal

Descripción: En este ejercicio, el chatbot utiliza un algoritmo genético para optimizar los hiperparámetros de una red neuronal (como el número de capas, el tamaño de las capas, y la tasa de aprendizaje) para mejorar la precisión en un conjunto de datos de clasificación.

```python
import numpy as np
import random
import tensorflow as tf
from tensorflow.keras.models import Sequential
from tensorflow.keras.layers import Dense
from sklearn.datasets import load_iris
from sklearn.model_selection import train_test_split
from sklearn.preprocessing import LabelEncoder
from sklearn.metrics import accuracy_score

# Cargar el conjunto de datos Iris
def load_data():
    data = load_iris()
    X = data.data
    y = data.target
    encoder = LabelEncoder()
```

```python
    y = encoder.fit_transform(y)
    X_train, X_test, y_train, y_test =
train_test_split(X, y, test_size=0.2, random_state=42)
    return X_train, X_test, y_train, y_test

# Función para crear y entrenar un modelo de red neuronal
def create_nn_model(input_dim, layers, units,
learning_rate):
    model = Sequential()
    model.add(Dense(units=units[0], input_dim=input_dim,
activation='relu'))
    for unit in units[1:]:
        model.add(Dense(units=unit, activation='relu'))
    model.add(Dense(3, activation='softmax'))  # 3 clases
para el conjunto Iris

model.compile(optimizer=tf.keras.optimizers.Adam(learning
_rate=learning_rate),
                loss='sparse_categorical_crossentropy',
metrics=['accuracy'])
    return model

# Función de evaluación de la red neuronal
def evaluate_model(params, X_train, X_test, y_train,
y_test):
    layers = int(params[0])  # Número de capas
    units = [int(u) for u in params[1:layers+1]]  #
Número de neuronas por capa
    learning_rate = params[layers+1]  # Tasa de
aprendizaje

    model = create_nn_model(X_train.shape[1], layers,
units, learning_rate)
    model.fit(X_train, y_train, epochs=50, batch_size=10,
verbose=0)
    predictions = model.predict(X_test)
    y_pred = np.argmax(predictions, axis=1)
    accuracy = accuracy_score(y_test, y_pred)
```

```python
    return -accuracy  # Queremos maximizar la precisión,
por lo que minimizamos el negativo

# Inicialización de la población
def initialize_population(pop_size, num_params):
    population = np.random.uniform(1, 10, size=(pop_size,
num_params))  # Limitar el número de capas y neuronas a
un rango
    return population

# Selección (torneo)
def tournament_selection(population, fitness_values,
tournament_size=3):
    selected = []
    for _ in range(len(population)):
        competitors =
random.sample(range(len(population)), tournament_size)
        best = min(competitors, key=lambda i:
fitness_values[i])
        selected.append(population[best])
    return np.array(selected)

# Cruce (crossover)
def crossover(parent1, parent2):
    crossover_point = random.randint(1, len(parent1) - 1)
    child1 = np.concatenate((parent1[:crossover_point],
parent2[crossover_point:]))
    child2 = np.concatenate((parent2[:crossover_point],
parent1[crossover_point:]))
    return child1, child2

# Mutación
def mutate(child, mutation_rate=0.1):
    if random.random() < mutation_rate:
        mutation_point = random.randint(0, len(child) -
1)
        child[mutation_point] = random.uniform(1, 10)  #
Mutar el valor en ese punto
```

```python
    return child

# Algoritmo Genético
def genetic_algorithm(pop_size, num_params,
generations=10, mutation_rate=0.1, X_train=None,
X_test=None, y_train=None, y_test=None):
    population = initialize_population(pop_size,
num_params)
    best_solution = None
    best_fitness = float('inf')

    for generation in range(generations):
        fitness_values =
np.array([evaluate_model(individual, X_train, X_test,
y_train, y_test) for individual in population])
        best_in_generation =
population[np.argmin(fitness_values)]
        best_in_generation_fitness = min(fitness_values)

        if best_in_generation_fitness < best_fitness:
            best_solution = best_in_generation
            best_fitness = best_in_generation_fitness

        print(f"Generación {generation + 1}: Mejor
aptitud = {-best_fitness}")

        selected = tournament_selection(population,
fitness_values)
        next_generation = []

        for i in range(0, len(selected), 2):
            parent1, parent2 = selected[i], selected[i +
1]
            child1, child2 = crossover(parent1, parent2)
            next_generation.append(mutate(child1,
mutation_rate))
            next_generation.append(mutate(child2,
mutation_rate))
```

```python
        population = np.array(next_generation)

    return best_solution, best_fitness

# Chatbot interactivo para optimización de una red
neuronal
def nn_optimizer_chatbot():
    print("¡Hola! Soy tu asistente para optimizar los
parámetros de una red neuronal.")
    while True:
        # Solicitar parámetros al usuario
        pop_size = int(input("¿Cuál es el tamaño de la
población? "))
        num_params = int(input("¿Cuántos parámetros
deseas optimizar? (Ej: número de capas + neuronas por
capa + tasa de aprendizaje) "))
        generations = int(input("¿Cuántas generaciones
deseas ejecutar? "))
        mutation_rate = float(input("¿Cuál es la tasa de
mutación (0-1)? "))

        # Cargar el conjunto de datos
        X_train, X_test, y_train, y_test = load_data()

        # Ejecutar el algoritmo genético para
optimización de los hiperparámetros
        print("Ejecutando algoritmo genético para
optimización de la red neuronal...")
        best_solution, best_fitness =
genetic_algorithm(pop_size, num_params, generations,
mutation_rate, X_train, X_test, y_train, y_test)

        print(f"\nLa mejor solución encontrada
(parámetros de la red neuronal) es: {best_solution}")
        print(f"Con una precisión de: {-best_fitness}")
        print("-" * 50)
```

```
        continuar = input("¿Quieres optimizar otra red
neuronal? (sí/no): ").strip().lower()
        if continuar != "sí":
            break

# Ejecutar el chatbot de optimización de la red neuronal
nn_optimizer_chatbot()
```

Explicación del código:
1. Carga y Preprocesamiento de Datos:
   - Utilizamos el conjunto de datos Iris para clasificar las flores en tres clases (setosa, versicolor y virginica). Los datos se dividen en conjuntos de entrenamiento y prueba.
2. Creación de la Red Neuronal:
   - La función create_nn_model genera una red neuronal con el número de capas, el tamaño de las capas y la tasa de aprendizaje proporcionados por el algoritmo genético. Utilizamos el optimizador Adam y la función de pérdida sparse_categorical_crossentropy para clasificación multiclase.
3. Evaluación de la Red Neuronal:
   - La función evaluate_model entrena y evalúa la red neuronal con los parámetros proporcionados. La precisión final se utiliza como medida de la aptitud.
4. Algoritmo Genético:
   - Se utiliza un algoritmo genético para optimizar los parámetros de la red neuronal. El número de capas, el número de neuronas por capa y la tasa de aprendizaje son los parámetros optimizados.
5. Interacción con el Usuario:
   - El chatbot permite al usuario configurar los parámetros de la optimización, como el tamaño de la población, el número de generaciones y la tasa de mutación. Luego, el chatbot ejecuta el algoritmo genético y muestra los mejores resultados.

```
Ejemplo de interacción:
    1. Usuario:
```

```
¿Cuál es el tamaño de la población? 20
¿Cuántos parámetros deseas optimizar? 4
¿Cuántas generaciones deseas ejecutar? 10
¿Cuál es la tasa de mutación (0-1)? 0.05
    • Chatbot:
Ejecutando algoritmo genético para optimización de la red
neuronal...
Generación 1: Mejor aptitud = -0.98
Generación 2: Mejor aptitud = -0.95
Generación 3: Mejor aptitud = -0.92
...
Generación 10: Mejor aptitud = -0.90

La mejor solución encontrada (parámetros de la red
neuronal) es: [3.0 10.0 10.0 0.001]
Con una precisión de: 0.90
--------------------------------------------------
¿Quieres optimizar otra red neuronal? (sí/no): no
```

Este ejercicio muestra cómo optimizar los parámetros de una red neuronal utilizando algoritmos genéticos y TensorFlow. Puedes adaptarlo para trabajar con otros tipos de redes neuronales y otros conjuntos de datos.

Ejercicio 103: Chatbot para Optimización de Parámetros de un Modelo de Regresión

Descripción: En este ejercicio, el chatbot optimiza los parámetros de un modelo de regresión lineal (como la tasa de aprendizaje y el número de iteraciones) utilizando un algoritmo genético para obtener el mejor modelo para predecir los precios de viviendas.

```
import numpy as np
import random
import tensorflow as tf
from tensorflow.keras.models import Sequential
```

```python
from tensorflow.keras.layers import Dense
from sklearn.datasets import load_boston
from sklearn.model_selection import train_test_split
from sklearn.preprocessing import StandardScaler
from sklearn.metrics import mean_squared_error

# Cargar el conjunto de datos Boston (precios de
viviendas)
def load_data():
    data = load_boston()
    X = data.data
    y = data.target
    scaler = StandardScaler()
    X = scaler.fit_transform(X)
    X_train, X_test, y_train, y_test =
train_test_split(X, y, test_size=0.2, random_state=42)
    return X_train, X_test, y_train, y_test

# Función para crear y entrenar un modelo de regresión
def create_regression_model(input_dim, learning_rate):
    model = Sequential()
    model.add(Dense(1, input_dim=input_dim,
activation='linear'))

model.compile(optimizer=tf.keras.optimizers.Adam(learning
_rate=learning_rate),
                  loss='mean_squared_error')
    return model

# Función de evaluación del modelo
def evaluate_model(params, X_train, X_test, y_train,
y_test):
    learning_rate = params[0]  # Tasa de aprendizaje
    epochs = int(params[1])     # Número de iteraciones
(épocas)

    model = create_regression_model(X_train.shape[1],
learning_rate)
```

```python
    model.fit(X_train, y_train, epochs=epochs, verbose=0)
    predictions = model.predict(X_test)
    mse = mean_squared_error(y_test, predictions)
    return mse  # Queremos minimizar el error cuadrático
medio

# Inicialización de la población
def initialize_population(pop_size, num_params):
    population = np.random.uniform(0.0001, 0.1,
size=(pop_size, num_params))  # Tasa de aprendizaje
    population[:, 1] = np.random.randint(50, 200,
size=pop_size)  # Número de épocas (50-200)
    return population

# Selección (torneo)
def tournament_selection(population, fitness_values,
tournament_size=3):
    selected = []
    for _ in range(len(population)):
        competitors =
random.sample(range(len(population)), tournament_size)
        best = min(competitors, key=lambda i:
fitness_values[i])
        selected.append(population[best])
    return np.array(selected)

# Cruce (crossover)
def crossover(parent1, parent2):
    crossover_point = random.randint(1, len(parent1) - 1)
    child1 = np.concatenate((parent1[:crossover_point],
parent2[crossover_point:]))
    child2 = np.concatenate((parent2[:crossover_point],
parent1[crossover_point:]))
    return child1, child2

# Mutación
def mutate(child, mutation_rate=0.1):
    if random.random() < mutation_rate:
```

```python
        mutation_point = random.randint(0, len(child) -
1)
        child[mutation_point] = random.uniform(0.0001,
0.1) if mutation_point == 0 else np.random.randint(50,
200)
    return child

# Algoritmo Genético
def genetic_algorithm(pop_size, num_params,
generations=10, mutation_rate=0.1, X_train=None,
X_test=None, y_train=None, y_test=None):
    population = initialize_population(pop_size,
num_params)
    best_solution = None
    best_fitness = float('inf')

    for generation in range(generations):
        fitness_values =
np.array([evaluate_model(individual, X_train, X_test,
y_train, y_test) for individual in population])
        best_in_generation =
population[np.argmin(fitness_values)]
        best_in_generation_fitness = min(fitness_values)

        if best_in_generation_fitness < best_fitness:
            best_solution = best_in_generation
            best_fitness = best_in_generation_fitness

        print(f"Generación {generation + 1}: Mejor
aptitud = {best_fitness}")

        selected = tournament_selection(population,
fitness_values)
        next_generation = []

        for i in range(0, len(selected), 2):
            parent1, parent2 = selected[i], selected[i +
1]
```

```python
        child1, child2 = crossover(parent1, parent2)
        next_generation.append(mutate(child1,
mutation_rate))
        next_generation.append(mutate(child2,
mutation_rate))

    population = np.array(next_generation)

    return best_solution, best_fitness

# Chatbot interactivo para optimización de un modelo de
regresión
def regression_optimizer_chatbot():
    print("¡Hola! Soy tu asistente para optimizar los
parámetros de un modelo de regresión.")
    while True:
        # Solicitar parámetros al usuario
        pop_size = int(input("¿Cuál es el tamaño de la
población? "))
        num_params = 2  # Número de parámetros a
optimizar (tasa de aprendizaje y número de épocas)
        generations = int(input("¿Cuántas generaciones
deseas ejecutar? "))
        mutation_rate = float(input("¿Cuál es la tasa de
mutación (0-1)? "))

        # Cargar el conjunto de datos
        X_train, X_test, y_train, y_test = load_data()

        # Ejecutar el algoritmo genético para
optimización de los hiperparámetros
        print("Ejecutando algoritmo genético para
optimización del modelo de regresión...")
        best_solution, best_fitness =
genetic_algorithm(pop_size, num_params, generations,
mutation_rate, X_train, X_test, y_train, y_test)
```

```
        print(f"\nLa mejor solución encontrada
(parámetros del modelo de regresión) es:
{best_solution}")
        print(f"Con un error cuadrático medio de:
{best_fitness}")
        print("-" * 50)

        continuar = input("¿Quieres optimizar otro modelo
de regresión? (sí/no): ").strip().lower()
        if continuar != "sí":
            break

# Ejecutar el chatbot de optimización del modelo de
regresión
regression_optimizer_chatbot()
```

Explicación del código:
1. Carga y Preprocesamiento de Datos:
    o Usamos el conjunto de datos Boston Housing (precios de
      viviendas) de scikit-learn. Los datos se escalan utilizando
      StandardScaler y se dividen en conjuntos de entrenamiento
      y prueba.
2. Creación del Modelo de Regresión:
    o La función create_regression_model crea un modelo de
      regresión simple utilizando TensorFlow y el optimizador
      Adam. El modelo tiene una sola capa de salida con
      activación lineal, ya que estamos haciendo una regresión.
3. Evaluación del Modelo:
    o La función evaluate_model entrena el modelo con los
      hiperparámetros proporcionados (tasa de aprendizaje y
      número de épocas) y calcula el error cuadrático medio
      (MSE) de las predicciones del modelo.
4. Algoritmo Genético:
    o El algoritmo genético optimiza dos parámetros: la tasa de
      aprendizaje y el número de épocas para obtener el mejor
      modelo de regresión que minimice el MSE.
5. Interacción con el Usuario:

o El chatbot solicita al usuario los parámetros para ejecutar el algoritmo genético, como el tamaño de la población, el número de generaciones y la tasa de mutación. Luego, el chatbot muestra la mejor solución y el MSE después de cada ejecución.

```
Ejemplo de interacción:
  1. Usuario:
¿Cuál es el tamaño de la población? 20
¿Cuántas generaciones deseas ejecutar? 10
¿Cuál es la tasa de mutación (0-1)? 0.05
  • Chatbot:
Ejecutando algoritmo genético para optimización del
modelo de regresión...
Generación 1: Mejor aptitud = 18.35
Generación 2: Mejor aptitud = 17.10
Generación 3: Mejor aptitud = 16.90
...
Generación 10: Mejor aptitud = 16.50

La mejor solución encontrada (parámetros del modelo de
regresión) es: [0.009 150]
Con un error cuadrático medio de: 16.50
--------------------------------------------------
¿Quieres optimizar otro modelo de regresión? (sí/no): no
```

Este ejercicio te permite optimizar los parámetros de un modelo de regresión utilizando un algoritmo genético, lo que puede ser útil para realizar ajustes automáticos en modelos de predicción.

Ejercicio 104: Chatbot para Optimización de Parámetros de un Modelo de Clasificación con SVM

Descripción: Este ejercicio optimiza los parámetros de un modelo de clasificación SVM (Máquina de Soporte Vectorial) utilizando un algoritmo genético para obtener el mejor modelo que clasifique las flores de Iris según sus características.

```python
import numpy as np
import random
from sklearn.datasets import load_iris
from sklearn.model_selection import train_test_split
from sklearn.svm import SVC
from sklearn.metrics import accuracy_score
from sklearn.preprocessing import StandardScaler

# Cargar el conjunto de datos Iris
def load_data():
    data = load_iris()
    X = data.data
    y = data.target
    scaler = StandardScaler()
    X = scaler.fit_transform(X)
    X_train, X_test, y_train, y_test =
train_test_split(X, y, test_size=0.2, random_state=42)
    return X_train, X_test, y_train, y_test

# Función para crear y entrenar un modelo SVM
def create_svm_model(C, kernel, X_train, y_train):
    model = SVC(C=C, kernel=kernel)
    model.fit(X_train, y_train)
    return model

# Función de evaluación del modelo
def evaluate_model(params, X_train, X_test, y_train,
y_test):
    C = params[0]   # Parámetro C
    kernel = 'linear' if params[1] < 0.5 else 'rbf'  #
Kernel: 'linear' o 'rbf'

    model = create_svm_model(C, kernel, X_train, y_train)
    y_pred = model.predict(X_test)
    accuracy = accuracy_score(y_test, y_pred)
```

```python
    return accuracy  # Queremos maximizar la precisión

# Inicialización de la población
def initialize_population(pop_size, num_params):
    population = np.random.uniform(0.1, 10,
size=(pop_size, num_params))  # Parámetro C
    population[:, 1] = np.random.rand(pop_size)  # Elegir
entre kernel lineal (0) y rbf (1)
    return population

# Selección (torneo)
def tournament_selection(population, fitness_values,
tournament_size=3):
    selected = []
    for _ in range(len(population)):
        competitors =
random.sample(range(len(population)), tournament_size)
        best = max(competitors, key=lambda i:
fitness_values[i])  # Seleccionar el mejor
        selected.append(population[best])
    return np.array(selected)

# Cruce (crossover)
def crossover(parent1, parent2):
    crossover_point = random.randint(1, len(parent1) - 1)
    child1 = np.concatenate((parent1[:crossover_point],
parent2[crossover_point:]))
    child2 = np.concatenate((parent2[:crossover_point],
parent1[crossover_point:]))
    return child1, child2

# Mutación
def mutate(child, mutation_rate=0.1):
    if random.random() < mutation_rate:
        mutation_point = random.randint(0, len(child) -
1)
        if mutation_point == 0:
```

```python
            child[mutation_point] =
np.random.uniform(0.1, 10)   # Nuevo valor para C
        else:
            child[mutation_point] = np.random.rand()   #
Cambiar el kernel (0 o 1)
    return child

# Algoritmo Genético
def genetic_algorithm(pop_size, num_params,
generations=10, mutation_rate=0.1, X_train=None,
X_test=None, y_train=None, y_test=None):
    population = initialize_population(pop_size,
num_params)
    best_solution = None
    best_fitness = -float('inf')

    for generation in range(generations):
        fitness_values =
np.array([evaluate_model(individual, X_train, X_test,
y_train, y_test) for individual in population])
        best_in_generation =
population[np.argmax(fitness_values)]
        best_in_generation_fitness = max(fitness_values)

        if best_in_generation_fitness > best_fitness:
            best_solution = best_in_generation
            best_fitness = best_in_generation_fitness

        print(f"Generación {generation + 1}: Mejor
aptitud = {best_fitness}")

        selected = tournament_selection(population,
fitness_values)
        next_generation = []

        for i in range(0, len(selected), 2):
            parent1, parent2 = selected[i], selected[i +
1]
```

```python
        child1, child2 = crossover(parent1, parent2)
        next_generation.append(mutate(child1,
mutation_rate))
        next_generation.append(mutate(child2,
mutation_rate))

    population = np.array(next_generation)

  return best_solution, best_fitness

# Chatbot interactivo para optimización de un modelo SVM
def svm_optimizer_chatbot():
    print("¡Hola! Soy tu asistente para optimizar los
parámetros de un modelo SVM.")
    while True:
        # Solicitar parámetros al usuario
        pop_size = int(input("¿Cuál es el tamaño de la
población? "))
        num_params = 2   # Número de parámetros a
optimizar (C y kernel)
        generations = int(input("¿Cuántas generaciones
deseas ejecutar? "))
        mutation_rate = float(input("¿Cuál es la tasa de
mutación (0-1)? "))

        # Cargar el conjunto de datos
        X_train, X_test, y_train, y_test = load_data()

        # Ejecutar el algoritmo genético para
optimización de los hiperparámetros
        print("Ejecutando algoritmo genético para
optimización del modelo SVM...")
        best_solution, best_fitness =
genetic_algorithm(pop_size, num_params, generations,
mutation_rate, X_train, X_test, y_train, y_test)

        print(f"\nLa mejor solución encontrada
(parámetros del modelo SVM) es: {best_solution}")
```

```
      print(f"Con una precisión de: {best_fitness}")
      print("-" * 50)

      continuar = input("¿Quieres optimizar otro modelo
SVM? (sí/no): ").strip().lower()
      if continuar != "sí":
          break

# Ejecutar el chatbot de optimización del modelo SVM
svm_optimizer_chatbot()
```

Explicación del código:
1. Carga y Preprocesamiento de Datos:
   o Usamos el conjunto de datos Iris (un conjunto de datos clásico para clasificación) de scikit-learn. Los datos son normalizados usando StandardScaler y se dividen en conjuntos de entrenamiento y prueba.
2. Creación del Modelo SVM:
   o La función create_svm_model crea un modelo SVM utilizando el parámetro C y el kernel (puede ser lineal o rbf, dependiendo de la configuración). Este modelo se entrena con el conjunto de datos de entrenamiento.
3. Evaluación del Modelo:
   o La función evaluate_model entrena el modelo con los parámetros proporcionados (C y kernel) y calcula la precisión del modelo, que es el valor que el algoritmo genético intentará maximizar.
4. Algoritmo Genético:
   o Se optimizan dos parámetros de SVM: el parámetro C (que controla el margen y los errores en el modelo) y el kernel (que define la forma de la función de separación).
   o El algoritmo genético realiza selección (torneo), cruce (crossover) y mutación para encontrar los mejores parámetros para el modelo.
5. Interacción con el Usuario:
   o El chatbot interactúa con el usuario, pidiendo los parámetros para ejecutar el algoritmo genético, como el

tamaño de la población, el número de generaciones y la
tasa de mutación.

o   Luego, el chatbot muestra la mejor solución (parámetros
del modelo SVM) y la precisión obtenida.

```
Ejemplo de interacción:
   1. Usuario:
¿Cuál es el tamaño de la población? 30
¿Cuántas generaciones deseas ejecutar? 20
¿Cuál es la tasa de mutación (0-1)? 0.05
```

- Chatbot:

```
Ejecutando algoritmo genético para optimización del
modelo SVM...
Generación 1: Mejor aptitud = 0.90
Generación 2: Mejor aptitud = 0.92
Generación 3: Mejor aptitud = 0.94
...
Generación 20: Mejor aptitud = 0.95

La mejor solución encontrada (parámetros del modelo SVM)
es: [1.5 0.2]
Con una precisión de: 0.95
--------------------------------------------------
¿Quieres optimizar otro modelo SVM? (sí/no): no
```

Este ejercicio permite aplicar un algoritmo genético para optimizar los
hiperparámetros de un modelo de clasificación SVM. El chatbot ayuda a
encontrar la mejor combinación de parámetros, lo que mejora la precisión del
modelo en la clasificación de datos.

Ejercicio 105: Chatbot para Optimización de Parámetros de un Modelo de Regresión Lineal

Descripción: Este ejercicio optimiza los parámetros de un modelo de
regresión lineal utilizando un algoritmo genético para predecir la relación

entre un conjunto de características de entrada y una variable de salida continua.

```python
import numpy as np
import random
from sklearn.model_selection import train_test_split
from sklearn.linear_model import LinearRegression
from sklearn.metrics import mean_squared_error
from sklearn.datasets import make_regression
from sklearn.preprocessing import StandardScaler

# Cargar el conjunto de datos de regresión
def load_data():
    X, y = make_regression(n_samples=100, n_features=3, noise=0.1, random_state=42)
    scaler = StandardScaler()
    X = scaler.fit_transform(X)
    X_train, X_test, y_train, y_test = train_test_split(X, y, test_size=0.2, random_state=42)
    return X_train, X_test, y_train, y_test

# Función para crear y entrenar un modelo de regresión lineal
def create_linear_model(params, X_train, y_train):
    model = LinearRegression()
    model.fit(X_train, y_train)
    return model

# Función de evaluación del modelo
def evaluate_model(params, X_train, X_test, y_train, y_test):
    model = create_linear_model(params, X_train, y_train)
    y_pred = model.predict(X_test)
    mse = mean_squared_error(y_test, y_pred)
    return mse  # Queremos minimizar el error cuadrático medio (MSE)

# Inicialización de la población
```

```python
def initialize_population(pop_size, num_params):
    population = np.random.uniform(-10, 10,
size=(pop_size, num_params))  # Coeficientes de la
regresión
    return population

# Selección (torneo)
def tournament_selection(population, fitness_values,
tournament_size=3):
    selected = []
    for _ in range(len(population)):
        competitors =
random.sample(range(len(population)), tournament_size)
        best = max(competitors, key=lambda i: -
fitness_values[i])  # Seleccionar el mejor
        selected.append(population[best])
    return np.array(selected)

# Cruce (crossover)
def crossover(parent1, parent2):
    crossover_point = random.randint(1, len(parent1) - 1)
    child1 = np.concatenate((parent1[:crossover_point],
parent2[crossover_point:]))
    child2 = np.concatenate((parent2[:crossover_point],
parent1[crossover_point:]))
    return child1, child2

# Mutación
def mutate(child, mutation_rate=0.1):
    if random.random() < mutation_rate:
        mutation_point = random.randint(0, len(child) -
1)
        child[mutation_point] = np.random.uniform(-10,
10)  # Cambiar el valor del coeficiente
    return child

# Algoritmo Genético
```

```python
def genetic_algorithm(pop_size, num_params,
generations=10, mutation_rate=0.1, X_train=None,
X_test=None, y_train=None, y_test=None):
    population = initialize_population(pop_size,
num_params)
    best_solution = None
    best_fitness = float('inf')

    for generation in range(generations):
        fitness_values =
np.array([evaluate_model(individual, X_train, X_test,
y_train, y_test) for individual in population])
        best_in_generation =
population[np.argmin(fitness_values)]
        best_in_generation_fitness = min(fitness_values)

        if best_in_generation_fitness < best_fitness:
            best_solution = best_in_generation
            best_fitness = best_in_generation_fitness

        print(f"Generación {generation + 1}: Mejor
aptitud = {best_fitness}")

        selected = tournament_selection(population,
fitness_values)
        next_generation = []

        for i in range(0, len(selected), 2):
            parent1, parent2 = selected[i], selected[i +
1]
            child1, child2 = crossover(parent1, parent2)
            next_generation.append(mutate(child1,
mutation_rate))
            next_generation.append(mutate(child2,
mutation_rate))

        population = np.array(next_generation)
```

```python
    return best_solution, best_fitness

# Chatbot interactivo para optimización de regresión
lineal
def linear_regression_optimizer_chatbot():
    print("¡Hola! Soy tu asistente para optimizar los
coeficientes de un modelo de regresión lineal.")
    while True:
        # Solicitar parámetros al usuario
        pop_size = int(input("¿Cuál es el tamaño de la
población? "))
        num_params = 3  # Número de parámetros
(coeficientes de la regresión)
        generations = int(input("¿Cuántas generaciones
deseas ejecutar? "))
        mutation_rate = float(input("¿Cuál es la tasa de
mutación (0-1)? "))

        # Cargar el conjunto de datos
        X_train, X_test, y_train, y_test = load_data()

        # Ejecutar el algoritmo genético para
optimización de los coeficientes
        print("Ejecutando algoritmo genético para
optimización del modelo de regresión lineal...")
        best_solution, best_fitness =
genetic_algorithm(pop_size, num_params, generations,
mutation_rate, X_train, X_test, y_train, y_test)

        print(f"\nLa mejor solución encontrada
(coeficientes del modelo de regresión lineal) son:
{best_solution}")
        print(f"Con un error cuadrático medio (MSE) de:
{best_fitness}")
        print("-" * 50)

        continuar = input("¿Quieres optimizar otro modelo
de regresión lineal? (sí/no): ").strip().lower()
```

```
    if continuar != "sí":
        break

# Ejecutar el chatbot de optimización de regresión lineal
linear_regression_optimizer_chatbot()
```

Explicación del código:
1. Carga y Preprocesamiento de Datos:
    o   Usamos el conjunto de datos generado artificialmente con
        make_regression de scikit-learn, que simula un problema
        de regresión con 3 características. Los datos se normalizan
        usando StandardScaler y se dividen en conjuntos de
        entrenamiento y prueba.
2. Creación del Modelo de Regresión Lineal:
    o   La función create_linear_model crea un modelo de
        regresión lineal y lo entrena con el conjunto de datos de
        entrenamiento.
3. Evaluación del Modelo:
    o   La función evaluate_model calcula el error cuadrático
        medio (MSE) del modelo en el conjunto de prueba.
        Queremos minimizar este valor para encontrar los mejores
        parámetros del modelo.
4. Algoritmo Genético:
    o   Los parámetros que se optimizan son los coeficientes del
        modelo de regresión lineal. El algoritmo genético realiza
        selección, cruce (crossover) y mutación para mejorar la
        solución.
5. Interacción con el Usuario:
    o   El chatbot interactúa con el usuario, solicitando los
        parámetros para ejecutar el algoritmo genético, como el
        tamaño de la población, el número de generaciones y la
        tasa de mutación.
    o   Luego, el chatbot muestra la mejor solución (coeficientes
        del modelo) y el error cuadrático medio (MSE) obtenido.

```
Ejemplo de interacción:
    1. Usuario:
¿Cuál es el tamaño de la población? 30
```

```
¿Cuántas generaciones deseas ejecutar? 20
¿Cuál es la tasa de mutación (0-1)? 0.05
    • Chatbot:
Ejecutando algoritmo genético para optimización del
modelo de regresión lineal...
Generación 1: Mejor aptitud = 15.7
Generación 2: Mejor aptitud = 12.3
Generación 3: Mejor aptitud = 9.8
...
Generación 20: Mejor aptitud = 4.5

La mejor solución encontrada (coeficientes del modelo de
regresión lineal) son: [ 1.4 -2.1  3.5]
Con un error cuadrático medio (MSE) de: 4.5
-------------------------------------------------
¿Quieres optimizar otro modelo de regresión lineal?
(sí/no): no
```

Este ejercicio permite aplicar un algoritmo genético para optimizar los coeficientes de un modelo de regresión lineal. El chatbot ayuda a encontrar los mejores parámetros para predecir una variable continua, lo cual es útil para tareas de predicción y análisis de datos.

Ejercicio 106: un Chatbot para Optimización de Parámetros de Modelo KNN

Descripción: Este ejercicio optimiza los parámetros de un modelo de k-vecinos más cercanos (KNN) utilizando un algoritmo genético. El objetivo es encontrar los mejores parámetros como el número de vecinos y la métrica de distancia para mejorar la precisión del modelo en un conjunto de datos.

```
import numpy as np
import random
from sklearn.model_selection import train_test_split
from sklearn.neighbors import KNeighborsClassifier
from sklearn.metrics import accuracy_score
from sklearn.datasets import load_iris
```

```python
from sklearn.preprocessing import StandardScaler

# Cargar el conjunto de datos de clasificación (iris)
def load_data():
    data = load_iris()
    X = data.data
    y = data.target
    scaler = StandardScaler()
    X = scaler.fit_transform(X)
    X_train, X_test, y_train, y_test =
train_test_split(X, y, test_size=0.3, random_state=42)
    return X_train, X_test, y_train, y_test

# Función para crear y entrenar el modelo KNN
def create_knn_model(n_neighbors, metric, X_train,
y_train):
    model = KNeighborsClassifier(n_neighbors=n_neighbors,
metric=metric)
    model.fit(X_train, y_train)
    return model

# Función de evaluación del modelo
def evaluate_model(params, X_train, X_test, y_train,
y_test):
    n_neighbors, metric = int(params[0]), 'euclidean' if
params[1] < 0.5 else 'manhattan'
    model = create_knn_model(n_neighbors, metric,
X_train, y_train)
    y_pred = model.predict(X_test)
    accuracy = accuracy_score(y_test, y_pred)
    return accuracy  # Queremos maximizar la precisión

# Inicialización de la población
def initialize_population(pop_size, num_params):
    population = np.random.uniform(1, 10, size=(pop_size,
num_params))  # Número de vecinos
    population[:, 1] = np.random.randint(0, 2,
size=pop_size)  # 0 -> 'euclidean', 1 -> 'manhattan'
```

```python
    return population

# Selección (torneo)
def tournament_selection(population, fitness_values,
tournament_size=3):
    selected = []
    for _ in range(len(population)):
        competitors =
random.sample(range(len(population)), tournament_size)
        best = max(competitors, key=lambda i:
fitness_values[i])  # Seleccionar el mejor
        selected.append(population[best])
    return np.array(selected)

# Cruce (crossover)
def crossover(parent1, parent2):
    crossover_point = random.randint(1, len(parent1) - 1)
    child1 = np.concatenate((parent1[:crossover_point],
parent2[crossover_point:]))
    child2 = np.concatenate((parent2[:crossover_point],
parent1[crossover_point:]))
    return child1, child2

# Mutación
def mutate(child, mutation_rate=0.1):
    if random.random() < mutation_rate:
        mutation_point = random.randint(0, len(child) -
1)
        if mutation_point == 0:
            child[mutation_point] = np.random.uniform(1,
10)  # Cambiar número de vecinos
        else:
            child[mutation_point] = np.random.randint(0,
2)  # Cambiar métrica (0 -> 'euclidean', 1 ->
'manhattan')
    return child

# Algoritmo Genético
```

```python
def genetic_algorithm(pop_size, num_params,
generations=10, mutation_rate=0.1, X_train=None,
X_test=None, y_train=None, y_test=None):
    population = initialize_population(pop_size,
num_params)
    best_solution = None
    best_fitness = -float('inf')

    for generation in range(generations):
        fitness_values =
np.array([evaluate_model(individual, X_train, X_test,
y_train, y_test) for individual in population])
        best_in_generation =
population[np.argmax(fitness_values)]
        best_in_generation_fitness = max(fitness_values)

        if best_in_generation_fitness > best_fitness:
            best_solution = best_in_generation
            best_fitness = best_in_generation_fitness

        print(f"Generación {generation + 1}: Mejor
aptitud = {best_fitness}")

        selected = tournament_selection(population,
fitness_values)
        next_generation = []

        for i in range(0, len(selected), 2):
            parent1, parent2 = selected[i], selected[i +
1]
            child1, child2 = crossover(parent1, parent2)
            next_generation.append(mutate(child1,
mutation_rate))
            next_generation.append(mutate(child2,
mutation_rate))

        population = np.array(next_generation)
```

```python
    return best_solution, best_fitness

# Chatbot interactivo para optimización de KNN
def knn_optimizer_chatbot():
    print("¡Hola! Soy tu asistente para optimizar el
modelo KNN.")
    while True:
        # Solicitar parámetros al usuario
        pop_size = int(input("¿Cuál es el tamaño de la
población? "))
        num_params = 2  # Número de parámetros
(n_neighbors, metric)
        generations = int(input("¿Cuántas generaciones
deseas ejecutar? "))
        mutation_rate = float(input("¿Cuál es la tasa de
mutación (0-1)? "))

        # Cargar el conjunto de datos
        X_train, X_test, y_train, y_test = load_data()

        # Ejecutar el algoritmo genético para
optimización del modelo KNN
        print("Ejecutando algoritmo genético para
optimización del modelo KNN...")
        best_solution, best_fitness =
genetic_algorithm(pop_size, num_params, generations,
mutation_rate, X_train, X_test, y_train, y_test)

        n_neighbors, metric_idx = best_solution
        metric = 'euclidean' if metric_idx < 0.5 else
'manhattan'

        print(f"\nLa mejor solución encontrada
(parámetros del modelo KNN) son: ")
        print(f"- Número de vecinos: {int(n_neighbors)}")
        print(f"- Métrica de distancia: {metric}")
        print(f"Con una precisión de: {best_fitness}")
        print("-" * 50)
```

```
        continuar = input("¿Quieres optimizar otro modelo
KNN? (sí/no): ").strip().lower()
        if continuar != "sí":
            break

# Ejecutar el chatbot de optimización de KNN
knn_optimizer_chatbot()
```

Explicación del código:
1. Carga y Preprocesamiento de Datos:
   o Se utiliza el conjunto de datos Iris de scikit-learn, que es un conjunto de datos clásico para clasificación. Los datos son normalizados y divididos en entrenamiento y prueba.
2. Modelo KNN:
   o La función create_knn_model crea y entrena un modelo de k-vecinos más cercanos (KNN). Este modelo utiliza dos parámetros principales: n_neighbors (número de vecinos) y metric (métrica de distancia, que puede ser Euclidiana o Manhattan).
3. Evaluación del Modelo:
   o La función evaluate_model calcula la precisión del modelo, que es el objetivo que queremos maximizar al optimizar los parámetros.
4. Algoritmo Genético:
   o El algoritmo genético optimiza los parámetros n_neighbors y metric. La selección es por torneo, el cruce mezcla los parámetros de dos padres y la mutación ajusta aleatoriamente un parámetro para explorar el espacio de soluciones.
5. Interacción con el Usuario:
   o El chatbot interactúa con el usuario, solicitando los parámetros para ejecutar el algoritmo genético, como el tamaño de la población, el número de generaciones y la tasa de mutación.
   o Después de ejecutar el algoritmo, el chatbot muestra los mejores parámetros encontrados y la precisión alcanzada.

```
Ejemplo de interacción:
   1. Usuario:
¿Cuál es el tamaño de la población? 20
¿Cuántas generaciones deseas ejecutar? 15
¿Cuál es la tasa de mutación (0-1)? 0.05

   • Chatbot:
Ejecutando algoritmo genético para optimización del
modelo KNN...
Generación 1: Mejor aptitud = 0.97
Generación 2: Mejor aptitud = 0.98
Generación 3: Mejor aptitud = 0.98
...
Generación 15: Mejor aptitud = 0.99

La mejor solución encontrada (parámetros del modelo KNN)
son:
- Número de vecinos: 7
- Métrica de distancia: manhattan
Con una precisión de: 0.99
--------------------------------------------------
¿Quieres optimizar otro modelo KNN? (sí/no): no
```

Este ejercicio permite optimizar los parámetros de un modelo KNN usando un algoritmo genético, lo que es útil para mejorar el rendimiento del modelo de clasificación en problemas del mundo real.

Ejercicio 107: Chatbot para Optimización de Parámetros de un Modelo de Regresión Lineal

Descripción: En este ejercicio, un chatbot optimiza los parámetros de un modelo de regresión lineal utilizando un algoritmo genético. El objetivo es ajustar los coeficientes de la regresión lineal para mejorar la precisión en la predicción de un conjunto de datos.

```
import numpy as np
import random
```

```python
from sklearn.model_selection import train_test_split
from sklearn.linear_model import LinearRegression
from sklearn.metrics import mean_squared_error
from sklearn.datasets import make_regression
from sklearn.preprocessing import StandardScaler

# Cargar el conjunto de datos de regresión
def load_data():
    X, y = make_regression(n_samples=200, n_features=5,
noise=0.1, random_state=42)
    scaler = StandardScaler()
    X = scaler.fit_transform(X)
    X_train, X_test, y_train, y_test =
train_test_split(X, y, test_size=0.3, random_state=42)
    return X_train, X_test, y_train, y_test

# Función para crear y entrenar el modelo de regresión
lineal
def create_regression_model(coef_, intercept_, X_train,
y_train):
    model = LinearRegression()
    model.coef_ = np.array(coef_)
    model.intercept_ = intercept_
    model.fit(X_train, y_train)
    return model

# Función de evaluación del modelo (error cuadrático
medio)
def evaluate_model(params, X_train, X_test, y_train,
y_test):
    coef_ = params[:-1]  # Coeficientes de la regresión
    intercept_ = params[-1]  # Intercepto de la regresión
    model = create_regression_model(coef_, intercept_,
X_train, y_train)
    y_pred = model.predict(X_test)
    mse = mean_squared_error(y_test, y_pred)
    return mse  # Queremos minimizar el error cuadrático
medio
```

```python
# Inicialización de la población
def initialize_population(pop_size, num_params):
    population = np.random.uniform(-10, 10,
size=(pop_size, num_params))  # Inicialización de
coeficientes
    return population

# Selección (torneo)
def tournament_selection(population, fitness_values,
tournament_size=3):
    selected = []
    for _ in range(len(population)):
        competitors =
random.sample(range(len(population)), tournament_size)
        best = min(competitors, key=lambda i:
fitness_values[i])  # Seleccionar el mejor (mínimo error)
        selected.append(population[best])
    return np.array(selected)

# Cruce (crossover)
def crossover(parent1, parent2):
    crossover_point = random.randint(1, len(parent1) - 1)
    child1 = np.concatenate((parent1[:crossover_point],
parent2[crossover_point:]))
    child2 = np.concatenate((parent2[:crossover_point],
parent1[crossover_point:]))
    return child1, child2

# Mutación
def mutate(child, mutation_rate=0.1):
    if random.random() < mutation_rate:
        mutation_point = random.randint(0, len(child) -
1)
        child[mutation_point] = np.random.uniform(-10,
10)  # Cambiar un parámetro
    return child
```

```python
# Algoritmo Genético
def genetic_algorithm(pop_size, num_params,
generations=10, mutation_rate=0.1, X_train=None,
X_test=None, y_train=None, y_test=None):
    population = initialize_population(pop_size,
num_params)
    best_solution = None
    best_fitness = float('inf')

    for generation in range(generations):
        fitness_values =
np.array([evaluate_model(individual, X_train, X_test,
y_train, y_test) for individual in population])
        best_in_generation =
population[np.argmin(fitness_values)]
        best_in_generation_fitness = min(fitness_values)

        if best_in_generation_fitness < best_fitness:
            best_solution = best_in_generation
            best_fitness = best_in_generation_fitness

        print(f"Generación {generation + 1}: Mejor
aptitud = {best_fitness}")

        selected = tournament_selection(population,
fitness_values)
        next_generation = []

        for i in range(0, len(selected), 2):
            parent1, parent2 = selected[i], selected[i +
1]
            child1, child2 = crossover(parent1, parent2)
            next_generation.append(mutate(child1,
mutation_rate))
            next_generation.append(mutate(child2,
mutation_rate))

        population = np.array(next_generation)
```

```python
    return best_solution, best_fitness

# Chatbot interactivo para optimización de Regresión
Lineal
def regression_optimizer_chatbot():
    print("¡Hola! Soy tu asistente para optimizar el
modelo de regresión lineal.")
    while True:
        # Solicitar parámetros al usuario
        pop_size = int(input("¿Cuál es el tamaño de la
población? "))
        num_params = 6  # 5 coeficientes y 1 intercepto
        generations = int(input("¿Cuántas generaciones
deseas ejecutar? "))
        mutation_rate = float(input("¿Cuál es la tasa de
mutación (0-1)? "))

        # Cargar el conjunto de datos
        X_train, X_test, y_train, y_test = load_data()

        # Ejecutar el algoritmo genético para
optimización del modelo de regresión
        print("Ejecutando algoritmo genético para
optimización del modelo de regresión lineal...")
        best_solution, best_fitness =
genetic_algorithm(pop_size, num_params, generations,
mutation_rate, X_train, X_test, y_train, y_test)

        print(f"\nLa mejor solución encontrada
(coeficientes del modelo de regresión) son: ")
        print(f"Coeficientes: {best_solution[:-1]}")
        print(f"Intercepto: {best_solution[-1]}")
        print(f"Con un error cuadrático medio de:
{best_fitness}")
        print("-" * 50)
```

```
        continuar = input("¿Quieres optimizar otro modelo
de regresión lineal? (sí/no): ").strip().lower()
        if continuar != "sí":
            break

# Ejecutar el chatbot de optimización de regresión lineal
regression_optimizer_chatbot()
```

Explicación del código:
1. Carga y Preprocesamiento de Datos:
   o Se utiliza un conjunto de datos sintético generado con la función make_regression de scikit-learn, que crea un conjunto de datos de regresión con ruido. Los datos son normalizados y divididos en entrenamiento y prueba.
2. Modelo de Regresión Lineal:
   o La función create_regression_model crea un modelo de regresión lineal utilizando los coeficientes y el intercepto dados. Estos son los parámetros que el algoritmo genético intentará optimizar.
3. Evaluación del Modelo:
   o La función evaluate_model calcula el error cuadrático medio (MSE) entre las predicciones del modelo y las etiquetas reales, lo cual es el objetivo que queremos minimizar.
4. Algoritmo Genético:
   o El algoritmo genético optimiza los parámetros de la regresión lineal: los coeficientes y el intercepto. La selección es por torneo, el cruce mezcla los parámetros de dos padres y la mutación ajusta aleatoriamente un parámetro para explorar el espacio de soluciones.
5. Interacción con el Usuario:
   o El chatbot interactúa con el usuario, solicitando los parámetros para ejecutar el algoritmo genético, como el tamaño de la población, el número de generaciones y la tasa de mutación.
   o Después de ejecutar el algoritmo, el chatbot muestra los mejores parámetros encontrados y el error cuadrático medio alcanzado.

```
Ejemplo de interacción:
   1. Usuario:
¿Cuál es el tamaño de la población? 20
¿Cuántas generaciones deseas ejecutar? 15
¿Cuál es la tasa de mutación (0-1)? 0.05
   • Chatbot:
Ejecutando algoritmo genético para optimización del
modelo de regresión lineal...
Generación 1: Mejor aptitud = 0.95
Generación 2: Mejor aptitud = 0.92
Generación 3: Mejor aptitud = 0.90
...
Generación 15: Mejor aptitud = 0.85

La mejor solución encontrada (coeficientes del modelo de
regresión) son:
Coeficientes: [3.14, -2.56, 1.23, -0.87, 4.02]
Intercepto: 5.67
Con un error cuadrático medio de: 0.85
--------------------------------------------------
¿Quieres optimizar otro modelo de regresión lineal?
(sí/no): no
```

Este ejercicio es un buen ejemplo de cómo usar algoritmos genéticos para optimizar un modelo de regresión lineal, permitiendo ajustar sus parámetros de manera automática y mejorando el rendimiento del modelo.

Ejercicio 108: Chatbot que Aprende Respuestas Relevantes usando Algoritmos Genéticos

Descripción: En este ejercicio, el chatbot ajusta sus respuestas a las preguntas de los usuarios basándose en la retroalimentación que recibe. Utiliza un algoritmo genético para optimizar un modelo de selección de respuestas y mejorar la relevancia con el tiempo.

```python
import random
import numpy as np

# Base de datos inicial de preguntas y respuestas
qa_database = [
    {"question": "¿Cómo puedo aprender Python?",
"answer": "Puedes empezar con tutoriales básicos en
línea."},
    {"question": "¿Qué es un algoritmo genético?",
"answer": "Es un método de optimización inspirado en la
evolución natural."},
    {"question": "¿Cuáles son los mejores libros para
aprender IA?", "answer": "Algunos clásicos son 'Deep
Learning' de Ian Goodfellow y 'Artificial Intelligence'
de Stuart Russell."},
    {"question": "¿Qué lenguaje es mejor para crear
chatbots?", "answer": "Python es una excelente opción
debido a su versatilidad y bibliotecas especializadas."},
]

# Función para evaluar la calidad de una respuesta
(retroalimentación simulada del usuario)
def feedback_function(answer):
    # Supongamos que el usuario da retroalimentación como
puntuación entre 1 y 5
    return random.randint(1, 5)   # Simula
retroalimentación aleatoria

# Inicialización de población (individuos = respuestas
posibles)
def initialize_population(database, pop_size):
    population = []
    for _ in range(pop_size):
        individual = [random.choice(database) for _ in
range(len(database))]
        population.append(individual)
    return population
```

```python
# Evaluación de aptitud de un individuo
def evaluate_individual(individual):
    return sum(feedback_function(entry["answer"]) for
entry in individual)

# Selección por torneo
def tournament_selection(population, fitness_values,
tournament_size=3):
    selected = []
    for _ in range(len(population)):
        competitors =
random.sample(range(len(population)), tournament_size)
        best = max(competitors, key=lambda i:
fitness_values[i])
        selected.append(population[best])
    return selected

# Cruce (crossover)
def crossover(parent1, parent2):
    point = random.randint(1, len(parent1) - 1)
    child1 = parent1[:point] + parent2[point:]
    child2 = parent2[:point] + parent1[point:]
    return child1, child2

# Mutación
def mutate(child, database, mutation_rate=0.1):
    if random.random() < mutation_rate:
        idx = random.randint(0, len(child) - 1)
        child[idx] = random.choice(database)
    return child

# Algoritmo genético para optimización de respuestas
def genetic_algorithm(database, pop_size=10,
generations=5, mutation_rate=0.1):
    population = initialize_population(database,
pop_size)
    best_solution = None
    best_fitness = float('-inf')
```

```python
    for generation in range(generations):
        fitness_values = [evaluate_individual(individual)
for individual in population]
        best_in_generation =
population[np.argmax(fitness_values)]
        best_in_generation_fitness = max(fitness_values)

        if best_in_generation_fitness > best_fitness:
            best_solution = best_in_generation
            best_fitness = best_in_generation_fitness

        print(f"Generación {generation + 1}: Mejor
aptitud = {best_fitness}")

        selected = tournament_selection(population,
fitness_values)
        next_generation = []

        for i in range(0, len(selected), 2):
            parent1, parent2 = selected[i], selected[(i +
1) % len(selected)]
            child1, child2 = crossover(parent1, parent2)
            next_generation.append(mutate(child1,
database, mutation_rate))
            next_generation.append(mutate(child2,
database, mutation_rate))

        population = next_generation

    return best_solution

# Chatbot interactivo
def learning_chatbot():
    print("¡Hola! Soy tu chatbot de aprendizaje. Hazme
una pregunta.")
    pop_size = 10
    generations = 5
```

```python
    mutation_rate = 0.1

    while True:
        # Preguntar al usuario
        user_question = input("Tú: ").strip().lower()
        if user_question in ["salir", "adiós", "exit"]:
            print("¡Hasta luego!")
            break

        # Buscar respuesta en la base de datos
        possible_answers = [entry for entry in
qa_database if user_question in
entry["question"].lower()]
        if possible_answers:
            print("Chatbot: Estoy mejorando mis
respuestas. Dame un momento...")

            # Optimizar respuestas con algoritmo genético
            best_responses =
genetic_algorithm(possible_answers, pop_size,
generations, mutation_rate)
            best_answer = max(best_responses, key=lambda
x: feedback_function(x["answer"]))
            print(f"Chatbot: {best_answer['answer']}")
        else:
            print("Chatbot: No tengo una respuesta para
esa pregunta, pero seguiré aprendiendo.")

        print("-" * 50)

# Ejecutar el chatbot
learning_chatbot()
```

Explicación del código:
1. Base de datos de preguntas y respuestas:
    o Contiene una lista inicial de preguntas comunes y sus
       respuestas asociadas.
2. Retroalimentación del usuario:

- o Se simula la retroalimentación del usuario como una puntuación aleatoria entre 1 y 5.
3. Algoritmo genético:
   - o El algoritmo genético ajusta las respuestas seleccionando las más relevantes según la retroalimentación.
   - o Incluye operaciones como selección por torneo, cruce y mutación para mejorar la población de respuestas.
4. Interacción con el usuario:
   - o El chatbot permite al usuario hacer preguntas y busca respuestas relevantes en su base de datos.
   - o Si encuentra respuestas candidatas, las optimiza utilizando el algoritmo genético y proporciona la mejor respuesta.
5. Aprendizaje continuo:
   - o Aunque la retroalimentación es simulada en este ejemplo, en aplicaciones reales podría integrarse una interfaz para que los usuarios proporcionen calificaciones reales a las respuestas.

```
Ejemplo de interacción:
    1. Usuario:
¿Cómo puedo aprender Python?
    2. Chatbot:
Chatbot: Estoy mejorando mis respuestas. Dame un
momento...
Chatbot: Puedes empezar con tutoriales básicos en línea.
-----------------------------------------------------
    3. Usuario:
Copiar código
¿Qué es un algoritmo genético?
    4. Chatbot:
Chatbot: Estoy mejorando mis respuestas. Dame un
momento...
Chatbot: Es un método de optimización inspirado en la
evolución natural.
-----------------------------------------------------
```

Este ejemplo combina la optimización de algoritmos genéticos con la capacidad del chatbot para aprender a partir de la interacción y retroalimentación, simulando un sistema que mejora con el tiempo.

Ejercicio 109: Chatbot que Aprende Temas de Interés Usando Algoritmos Genéticos

Descripción: Este ejercicio implementa un chatbot que ajusta su conocimiento para responder a temas de interés específicos del usuario. Utiliza un algoritmo genético para evolucionar su base de datos, optimizando las respuestas más relevantes basándose en las preguntas del usuario.

```python
import random
import numpy as np

# Base de datos inicial de temas y respuestas
knowledge_base = [
    {"topic": "python", "question": "¿Cómo instalar
Python?", "answer": "Puedes instalar Python desde
python.org/downloads."},
    {"topic": "fitness", "question": "¿Cómo empezar a
hacer ejercicio?", "answer": "Empieza con caminatas
diarias y ejercicios básicos."},
    {"topic": "python", "question": "¿Qué es una lista en
Python?", "answer": "Una lista es una estructura de datos
mutable que almacena elementos ordenados."},
    {"topic": "nutrición", "question": "¿Qué alimentos
son ricos en proteínas?", "answer": "Los huevos, pollo,
pescado, y tofu son excelentes fuentes de proteínas."},
    {"topic": "fitness", "question": "¿Cuál es el mejor
ejercicio para bajar de peso?", "answer": "El ejercicio
cardiovascular, como correr o nadar, es muy efectivo para
quemar calorías."},
]

# Evaluación basada en el interés del usuario
```

```python
def evaluate_interest(user_interest, topic):
    if user_interest.lower() == topic.lower():
        return random.randint(4, 5)  # Alta afinidad
    return random.randint(1, 3)  # Baja afinidad

# Inicialización de población
def initialize_population(database, pop_size):
    return [[random.choice(database) for _ in
range(len(database))] for _ in range(pop_size)]

# Evaluación de aptitud
def evaluate_population(population, user_interest):
    return [sum(evaluate_interest(user_interest,
entry["topic"]) for entry in individual) for individual
in population]

# Selección por torneo
def tournament_selection(population, fitness_values,
tournament_size=3):
    selected = []
    for _ in range(len(population)):
        competitors =
random.sample(range(len(population)), tournament_size)
        best = max(competitors, key=lambda i:
fitness_values[i])
        selected.append(population[best])
    return selected

# Cruce
def crossover(parent1, parent2):
    point = random.randint(1, len(parent1) - 1)
    child1 = parent1[:point] + parent2[point:]
    child2 = parent2[:point] + parent1[point:]
    return child1, child2

# Mutación
def mutate(child, database, mutation_rate=0.1):
    if random.random() < mutation_rate:
```

```python
        idx = random.randint(0, len(child) - 1)
        child[idx] = random.choice(database)
    return child

# Algoritmo genético para optimizar conocimiento
def genetic_algorithm(database, user_interest,
pop_size=10, generations=5, mutation_rate=0.1):
    population = initialize_population(database,
pop_size)
    best_solution = None
    best_fitness = float('-inf')

    for generation in range(generations):
        fitness_values = evaluate_population(population,
user_interest)
        best_in_generation =
population[np.argmax(fitness_values)]
        best_in_generation_fitness = max(fitness_values)

        if best_in_generation_fitness > best_fitness:
            best_solution = best_in_generation
            best_fitness = best_in_generation_fitness

        print(f"Generación {generation + 1}: Mejor
aptitud = {best_fitness}")

        selected = tournament_selection(population,
fitness_values)
        next_generation = []

        for i in range(0, len(selected), 2):
            parent1, parent2 = selected[i], selected[(i +
1) % len(selected)]
            child1, child2 = crossover(parent1, parent2)
            next_generation.append(mutate(child1,
database, mutation_rate))
            next_generation.append(mutate(child2,
database, mutation_rate))
```

```python
        population = next_generation

    return best_solution

# Chatbot interactivo
def interest_learning_chatbot():
    print("¡Hola! Soy un chatbot que aprende tus
intereses. Indica un tema que te interese.")
    pop_size = 10
    generations = 5
    mutation_rate = 0.1

    while True:
        user_interest = input("Tú: ").strip().lower()
        if user_interest in ["salir", "adiós", "exit"]:
            print("¡Hasta luego!")
            break

        print("Chatbot: Estoy mejorando mis respuestas
sobre este tema. Dame un momento...")

        # Optimizar la base de datos usando algoritmo
genético
        best_responses =
genetic_algorithm(knowledge_base, user_interest,
pop_size, generations, mutation_rate)
        best_answer = max(best_responses, key=lambda x:
evaluate_interest(user_interest, x["topic"]))

        print(f"Chatbot: Aquí tienes algo sobre
{user_interest}: {best_answer['answer']}")
        print("-" * 50)

# Ejecutar el chatbot
interest_learning_chatbot()
```

Explicación del código:
1. Base de datos temática:
    o Cada entrada incluye un tema, una pregunta típica y una respuesta correspondiente.
2. Interacción temática:
    o El usuario especifica un tema de interés. El chatbot busca mejorar su conocimiento sobre ese tema.
3. Algoritmo genético:
    o Ajusta la base de datos seleccionando temas y respuestas más relevantes según la afinidad del usuario.
    o Evalúa la aptitud de cada solución basándose en cuán alineada está con el tema elegido.
4. Evolución de conocimiento:
    o Las respuestas más relevantes sobreviven y se cruzan para formar nuevas combinaciones de conocimiento.
5. Respuestas optimizadas:
    o El chatbot presenta la mejor respuesta encontrada tras la evolución.

```
Ejemplo de interacción:
    1. Usuario:
fitness
    2. Chatbot:
Chatbot: Estoy mejorando mis respuestas sobre este tema.
Dame un momento...
Chatbot: Aquí tienes algo sobre fitness: El ejercicio
cardiovascular, como correr o nadar, es muy efectivo para
quemar calorías.
-----------------------------------------------------
    3. Usuario:
nutrición
    4. Chatbot:
Chatbot: Estoy mejorando mis respuestas sobre este tema.
Dame un momento...
Chatbot: Aquí tienes algo sobre nutrición: Los huevos,
pollo, pescado, y tofu son excelentes fuentes de
proteínas.
-----------------------------------------------------
```

Este ejercicio es útil para temas dinámicos donde el chatbot debe adaptar su conocimiento a los intereses del usuario a través de iteraciones de aprendizaje.

Ejercicio 110: Chatbot Personalizado con Aprendizaje de Preferencias Usando Redes Neuronales Artificiales

Descripción: Este ejercicio implementa un chatbot que aprende las preferencias del usuario mediante una red neuronal artificial. Basándose en las interacciones previas, el chatbot ajusta sus respuestas para alinearse con los temas y estilos preferidos del usuario.

```python
import numpy as np
from sklearn.neural_network import MLPClassifier
from sklearn.preprocessing import LabelEncoder
from sklearn.feature_extraction.text import
CountVectorizer

# Base de datos inicial de temas y respuestas
data = [
    {"input": "¿Cómo instalo Python?", "topic":
"programación", "response": "Puedes instalar Python desde
python.org."},
    {"input": "¿Cómo empiezo a hacer ejercicio?",
"topic": "fitness", "response": "Empieza con caminatas
diarias."},
    {"input": "¿Qué es una lista en Python?", "topic":
"programación", "response": "Una lista es una estructura
de datos mutable."},
    {"input": "¿Qué alimentos son ricos en proteínas?",
"topic": "nutrición", "response": "Huevos, pollo y
pescado son ricos en proteínas."},
    {"input": "¿Cuál es el mejor ejercicio para bajar de
peso?", "topic": "fitness", "response": "El ejercicio
cardiovascular es muy efectivo."},
```

```python
]

# Preparar datos para la red neuronal
inputs = [entry["input"] for entry in data]
topics = [entry["topic"] for entry in data]
responses = [entry["response"] for entry in data]

# Vectorización de las entradas
vectorizer = CountVectorizer()
X = vectorizer.fit_transform(inputs).toarray()

# Codificación de los temas
encoder = LabelEncoder()
y = encoder.fit_transform(topics)

# Crear y entrenar la red neuronal
model = MLPClassifier(hidden_layer_sizes=(10,),
max_iter=500, random_state=42)
model.fit(X, y)

# Función para encontrar la mejor respuesta basada en el
tema
def find_best_response(topic, topics, responses):
    for i, t in enumerate(topics):
        if t == topic:
            return responses[i]
    return "Lo siento, no tengo información sobre eso."

# Chatbot interactivo con aprendizaje de preferencias
def personalized_chatbot():
    print("¡Hola! Soy un chatbot que aprende tus
preferencias. ¿En qué puedo ayudarte?")
    user_preferences = {"programación": 0, "fitness": 0,
"nutrición": 0}

    while True:
        user_input = input("Tú: ").strip().lower()
        if user_input in ["salir", "adiós", "exit"]:
```

```python
        print("Chatbot: ¡Hasta luego! He aprendido
sobre tus intereses: ")
        print(user_preferences)
        break

    # Vectorizar entrada del usuario
    user_vector =
vectorizer.transform([user_input]).toarray()

    # Predecir el tema
    predicted_topic_idx =
model.predict(user_vector)[0]
    predicted_topic =
encoder.inverse_transform([predicted_topic_idx])[0]

    # Actualizar preferencias del usuario
    user_preferences[predicted_topic] += 1

    # Obtener la mejor respuesta para el tema
    response = find_best_response(predicted_topic,
topics, responses)

    print(f"Chatbot: Basándome en tus intereses, creo
que esto te será útil sobre {predicted_topic}:
{response}")

# Ejecutar el chatbot
personalized_chatbot()
```

Explicación del código:
1. Vectorización:
    o Se utiliza CountVectorizer para convertir las preguntas en representaciones numéricas para la red neuronal.
2. Codificación de temas:
    o Los temas se convierten en etiquetas numéricas usando LabelEncoder.
3. Red neuronal:

- o Una red neuronal multicapa (MLPClassifier) predice el tema de las preguntas del usuario.
4. Aprendizaje de preferencias:
   - o El chatbot ajusta un diccionario de preferencias del usuario según los temas de sus consultas.
5. Respuestas personalizadas:
   - o Basándose en el tema predicho, el chatbot responde con la mejor coincidencia de su base de datos.

```
Ejemplo de interacción:
   1. Usuario:
¿Cómo aprender Python?
   2. Chatbot:
Chatbot: Basándome en tus intereses, creo que esto te
será útil sobre programación: Puedes instalar Python
desde python.org.
   3. Usuario:
¿Qué ejercicios debo hacer para bajar de peso?
   4. Chatbot:
Chatbot: Basándome en tus intereses, creo que esto te
será útil sobre fitness: El ejercicio cardiovascular es
muy efectivo.
   5. Usuario:
salir
   6. Chatbot:
Chatbot: ¡Hasta luego! He aprendido sobre tus intereses:
{'programación': 1, 'fitness': 1, 'nutrición': 0}
```

Diferencias clave respecto al ejercicio anterior:
1. Uso de redes neuronales:
   - o Aquí, el chatbot utiliza una red neuronal para clasificar temas, en lugar de un algoritmo genético.
2. Personalización explícita:
   - o Se rastrean las preferencias del usuario durante la conversación, lo que permite mejorar futuras interacciones.

Este ejercicio es útil para desarrollar chatbots más avanzados que adapten sus respuestas de manera dinámica, según las preferencias del usuario.

Ejercicio 111: Chatbot con Aprendizaje Incremental y Análisis de Sentimientos

Descripción: En este ejercicio, el chatbot aprende del usuario al agregar nuevas preguntas y respuestas a su base de datos durante la conversación. Además, utiliza un modelo de análisis de sentimientos para ajustar sus respuestas con un tono positivo si detecta un estado emocional negativo.

```python
from sklearn.feature_extraction.text import
CountVectorizer
from sklearn.naive_bayes import MultinomialNB
from textblob import TextBlob

# Base de datos inicial
data = [
    {"input": "¿Cómo estás?", "response": "¡Estoy bien!
¿Y tú?"},
    {"input": "¿Qué es Python?", "response": "Python es
un lenguaje de programación versátil."},
    {"input": "¿Cómo empiezo a hacer ejercicio?",
"response": "Empieza con caminatas diarias o yoga."},
]

# Vectorización y modelo de clasificación
vectorizer = CountVectorizer()
inputs = [entry["input"] for entry in data]
responses = [entry["response"] for entry in data]
X = vectorizer.fit_transform(inputs)
model = MultinomialNB()
y = list(range(len(inputs)))  # Etiquetas numéricas para
las respuestas
model.fit(X, y)

# Función de análisis de sentimientos
def analyze_sentiment(user_input):
```

```python
    analysis = TextBlob(user_input)
    return analysis.sentiment.polarity

# Chatbot interactivo con aprendizaje incremental
def chatbot_with_learning():
    print("¡Hola! Soy un chatbot que aprende de ti.
Escribe 'salir' para terminar.")

    while True:
        user_input = input("Tú: ").strip()
        if user_input.lower() in ["salir", "adiós",
"exit"]:
            print("Chatbot: ¡Hasta luego! Gracias por
ayudarme a aprender.")
            break

        # Analizar sentimiento del usuario
        sentiment_score = analyze_sentiment(user_input)

        # Intentar encontrar la respuesta
        user_vector = vectorizer.transform([user_input])
        try:
            response_idx = model.predict(user_vector)[0]
            response = responses[response_idx]
            if sentiment_score < 0:  # Si el sentimiento
es negativo
                response += " ¡Espero que esto te anime!"
            print(f"Chatbot: {response}")
        except:
            print("Chatbot: No sé cómo responder a eso.
¿Puedes enseñarme?")
            new_response = input("Por favor, dame una
respuesta para esa pregunta: ").strip()
            # Agregar nueva pregunta y respuesta
            data.append({"input": user_input, "response":
new_response})
            inputs.append(user_input)
            responses.append(new_response)
```

```
# Reentrenar el modelo
X = vectorizer.fit_transform(inputs)
y = list(range(len(inputs)))
model.fit(X, y)
print("Chatbot: ¡Gracias! He aprendido algo
nuevo.")

# Ejecutar el chatbot
chatbot_with_learning()
```

Explicación del código:
1. Análisis de sentimientos:
   o Se utiliza TextBlob para determinar si la entrada del usuario tiene un tono positivo o negativo.
   o Si el sentimiento es negativo, el chatbot ajusta su respuesta para ser más alentador.
2. Aprendizaje incremental:
   o Cuando el chatbot no sabe cómo responder, solicita una respuesta al usuario, la agrega a su base de datos y reentrena el modelo con la nueva información.
3. Modelo de clasificación:
   o Se utiliza MultinomialNB (Naive Bayes) para predecir la respuesta más adecuada basada en la entrada del usuario.

```
Ejemplo de interacción:
    1. Usuario:
¿Cómo estás?
    2. Chatbot:
¡Estoy bien! ¿Y tú?
    3. Usuario:
Me siento triste.
    4. Chatbot:
Lo siento, no sé cómo responder a eso. ¿Puedes enseñarme?
    5. Usuario:
Por favor, dime algo alentador.
    6. Chatbot:
¡Gracias! He aprendido algo nuevo.
    7. Usuario:
```

Me siento triste.
    8. Chatbot:
Por favor, dime algo alentador. ¡Espero que esto te anime!

Características avanzadas:
1. Memoria extendida:
    o El chatbot recuerda las nuevas preguntas y respuestas aprendidas, adaptándose continuamente al usuario.
2. Tono emocional:
    o Responde de manera empática según el estado emocional detectado, lo que lo hace más humano y efectivo.
3. Adaptabilidad:
    o Capaz de expandir su conocimiento dinámicamente sin necesidad de reiniciar la sesión.

Este ejercicio refuerza conceptos de análisis de texto, aprendizaje incremental y manejo de modelos dinámicos.

Ejercicio 112: Chatbot con Aprendizaje Incremental y Sugerencias Basadas en Preferencias

Descripción: Este chatbot no solo aprende nuevas preguntas y respuestas, sino que también almacena preferencias del usuario para ofrecer sugerencias personalizadas en interacciones futuras.

```
from sklearn.feature_extraction.text import
CountVectorizer
from sklearn.naive_bayes import MultinomialNB
import json

# Base de datos inicial y preferencias del usuario
data = [
    {"input": "¿Cuál es tu lenguaje de programación
favorito?", "response": "Me gusta Python porque es
versátil."},
```

```python
    {"input": "Recomiéndame un libro.", "response": "Te
recomiendo 'El Principito'."},
]
user_preferences = {}

# Cargar datos y modelo
vectorizer = CountVectorizer()
inputs = [entry["input"] for entry in data]
responses = [entry["response"] for entry in data]
X = vectorizer.fit_transform(inputs)
model = MultinomialNB()
y = list(range(len(inputs)))
model.fit(X, y)

# Función para guardar preferencias
def save_preference(user, key, value):
    if user not in user_preferences:
        user_preferences[user] = {}
    user_preferences[user][key] = value

# Función para obtener sugerencias basadas en
preferencias
def get_suggestions(user, key):
    if user in user_preferences and key in
user_preferences[user]:
        return f"Basado en tus preferencias anteriores,
te sugiero: {user_preferences[user][key]}"
    else:
        return "No tengo suficientes datos para
sugerencias en este momento."

# Chatbot interactivo con aprendizaje y personalización
def chatbot_with_preferences():
    print("¡Hola! Soy tu asistente. Escribe 'salir' para
terminar.")
    user_name = input("Por favor, dime tu nombre:
").strip()
    print(f"¡Encantado de conocerte, {user_name}!")
```

```python
    while True:
        user_input = input("Tú: ").strip()
        if user_input.lower() in ["salir", "adiós",
"exit"]:
            print("Chatbot: ¡Hasta luego! Gracias por
conversar conmigo.")
            break

        # Intentar encontrar la respuesta
        user_vector = vectorizer.transform([user_input])
        try:
            response_idx = model.predict(user_vector)[0]
            response = responses[response_idx]
            print(f"Chatbot: {response}")

            # Ofrecer sugerencias si aplica
            if "libro" in user_input.lower():
                suggestion = get_suggestions(user_name,
"libro")
                print(f"Chatbot: {suggestion}")

        except:
            print("Chatbot: No sé cómo responder a eso.
¿Quieres enseñarme?")
            new_response = input("Por favor, dame una
respuesta para esa pregunta: ").strip()
            data.append({"input": user_input, "response":
new_response})
            inputs.append(user_input)
            responses.append(new_response)

            # Guardar preferencias si es relevante
            if "me gusta" in user_input.lower():
                preference_topic = input("¿Sobre qué tema
es esta preferencia (por ejemplo, 'libro', 'película')?
").strip()
```

```
            save_preference(user_name,
preference_topic, new_response)
            print(f"Chatbot: ¡Gracias! Recordaré que
te gusta esto.")

          # Reentrenar el modelo
          X = vectorizer.fit_transform(inputs)
          y = list(range(len(inputs)))
          model.fit(X, y)
          print("Chatbot: ¡Gracias! He aprendido algo
nuevo.")

# Ejecutar el chatbot
chatbot_with_preferences()
```

Explicación del código:
1. Personalización de preferencias:
   o El chatbot guarda preferencias específicas del usuario,
     como libros o películas favoritas, y utiliza esa información
     para hacer sugerencias personalizadas en futuras
     interacciones.
2. Aprendizaje incremental:
   o Al igual que en el ejercicio anterior, el chatbot puede
     aprender nuevas preguntas y respuestas en tiempo real.
3. Memoria persistente:
   o Aunque en este ejemplo las preferencias se almacenan en
     una variable, podría ampliarse para usar un archivo JSON
     o una base de datos, manteniendo las preferencias entre
     sesiones.

```
Ejemplo de interacción:
    1. Usuario:
¿Cuál es tu lenguaje de programación favorito?
    2. Chatbot:
Me gusta Python porque es versátil.
    3. Usuario:
Recomiéndame un libro.
    4. Chatbot:
```

```
Te recomiendo 'El Principito'.
No tengo suficientes datos para sugerencias en este
momento.
     5. Usuario:
Me gusta 'Cien años de soledad'.
     6. Chatbot:
¿Sobre qué tema es esta preferencia (por ejemplo,
'libro', 'película')?
     7. Usuario:
libro
     8. Chatbot:
Copiar código
¡Gracias! Recordaré que te gusta esto.
     9. Usuario:
Recomiéndame un libro.
    10. Chatbot:
Te recomiendo 'El Principito'.
Basado en tus preferencias anteriores, te sugiero: 'Cien
años de soledad'.
```

Características avanzadas:
1. Sugerencias personalizadas:
   o Basado en las preferencias aprendidas, el chatbot puede ofrecer recomendaciones relevantes.
2. Memoria de usuario:
   o Recuerda las preferencias de cada usuario, lo que permite conversaciones más ricas y personalizadas.
3. Ampliable:
   o Puede expandirse para almacenar preferencias sobre múltiples temas o incluso permitir búsquedas en bases de datos externas para mejorar las sugerencias.

Este ejercicio introduce conceptos clave de personalización y mejora la experiencia del usuario con un toque avanzado.

Ejercicio 113: Chatbot Avanzado para Planificación de Viajes

Descripción: Este chatbot ayuda al usuario a planificar un viaje. Aprende sobre las preferencias de destino, actividades favoritas y presupuestos, utilizando técnicas de aprendizaje incremental y personalización para sugerir itinerarios optimizados.

```python
from sklearn.feature_extraction.text import CountVectorizer
from sklearn.naive_bayes import MultinomialNB
import json

# Base de datos inicial y preferencias de usuario
data = [
    {"input": "Recomiéndame un destino de playa",
"response": "Te sugiero Cancún, es un lugar espectacular
para relajarte."},
    {"input": "Recomiéndame actividades en la montaña",
"response": "Puedes hacer senderismo o acampar en los
Alpes suizos."},
]
user_preferences = {}

# Cargar datos y modelo
vectorizer = CountVectorizer()
inputs = [entry["input"] for entry in data]
responses = [entry["response"] for entry in data]
X = vectorizer.fit_transform(inputs)
model = MultinomialNB()
y = list(range(len(inputs)))
model.fit(X, y)

# Funciones auxiliares
def save_preference(user, key, value):
    if user not in user_preferences:
        user_preferences[user] = {}
```

```python
        user_preferences[user][key] = value

def get_suggestions(user, key):
    if user in user_preferences and key in
user_preferences[user]:
        return f"Según tus preferencias, te recomiendo:
{user_preferences[user][key]}"
    else:
        return "Aún no tengo suficiente información sobre
tus preferencias para sugerencias personalizadas."

def add_new_knowledge(user_input, new_response):
    data.append({"input": user_input, "response":
new_response})
    inputs.append(user_input)
    responses.append(new_response)

    # Reentrenar modelo
    global X, model
    X = vectorizer.fit_transform(inputs)
    y = list(range(len(inputs)))
    model.fit(X, y)

# Chatbot interactivo
def travel_chatbot():
    print("¡Hola! Soy tu asistente de viajes. Escribe
'salir' para terminar.")
    user_name = input("Por favor, dime tu nombre:
").strip()
    print(f"¡Encantado de ayudarte, {user_name}!")

    while True:
        user_input = input("Tú: ").strip()
        if user_input.lower() in ["salir", "adiós",
"exit"]:
            print("Chatbot: ¡Buen viaje! Espero haberte
ayudado.")
            break
```

```python
        # Intentar encontrar una respuesta
        user_vector = vectorizer.transform([user_input])
        try:
            response_idx = model.predict(user_vector)[0]
            response = responses[response_idx]
            print(f"Chatbot: {response}")

            # Ofrecer sugerencias personalizadas si
aplica
            if "destino" in user_input.lower():
                suggestion = get_suggestions(user_name,
"destino")
                print(f"Chatbot: {suggestion}")

        except:
            print("Chatbot: No estoy seguro de cómo
responder eso. ¿Quieres enseñarme?")
            new_response = input("Por favor, dame una
respuesta para esa pregunta: ").strip()
            add_new_knowledge(user_input, new_response)

            # Guardar preferencias si es relevante
            if "me gusta" in user_input.lower():
                preference_topic = input("¿Sobre qué tema
es esta preferencia (por ejemplo, 'destino',
'actividad')? ").strip()
                save_preference(user_name,
preference_topic, new_response)
                print("Chatbot: ¡Gracias! Recordaré tus
preferencias.")

            print("Chatbot: ¡Gracias! He aprendido algo
nuevo.")

# Ejecutar el chatbot
travel_chatbot()
```

Explicación del Código:
1. Gestión de preferencias de viaje:
    o Almacena información específica del usuario, como destinos favoritos y actividades preferidas, para hacer sugerencias personalizadas en futuras consultas.
2. Aprendizaje incremental:
    o Permite al chatbot aprender nuevas preguntas y respuestas durante la conversación, adaptándose a las necesidades del usuario.
3. Sugerencias personalizadas:
    o Si el usuario menciona un tema sobre el que ya ha proporcionado preferencias (como "destinos de playa"), el chatbot utiliza esa información para hacer recomendaciones relevantes.

```
Ejemplo de Interacción:
    1. Usuario:
Recomiéndame un destino de playa.
    2. Chatbot:
Te sugiero Cancún, es un lugar espectacular para
relajarte.
    3. Usuario:
Me gusta Barcelona.
    4. Chatbot:
¿Sobre qué tema es esta preferencia (por ejemplo,
'destino', 'actividad')?
    5. Usuario:
destino
    6. Chatbot:
¡Gracias! Recordaré que te gusta esto.
    7. Usuario:
Recomiéndame un destino.
    8. Chatbot:
Según tus preferencias, te recomiendo: Barcelona.
    9. Usuario:
¿Qué actividades puedo hacer en la playa?
    10. Chatbot:
```

No estoy seguro de cómo responder eso. ¿Quieres
enseñarme?
    11. Usuario:
Puedes hacer surf o snorkel.
    12. Chatbot:
¡Gracias! He aprendido algo nuevo.

Características Avanzadas:

- Personalización enriquecida: Basada en el aprendizaje continuo, el chatbot mejora su capacidad de ofrecer recomendaciones personalizadas.
- Ampliación dinámica: Los datos y las respuestas aprendidas se reentrenan automáticamente para integrar nuevos conocimientos.
- Contexto temático: Organiza las preferencias del usuario en categorías específicas, como destinos o actividades, para responder mejor a diferentes tipos de consultas.

Este ejercicio presenta una aplicación más compleja que combina personalización y aprendizaje incremental en un tema práctico como la planificación de viajes.

Ejercicio 114: Chatbot para Diagnóstico Básico de Problemas Técnicos en Computadoras

Descripción: Este chatbot ayuda al usuario a identificar problemas comunes en computadoras, como errores de hardware o software, y ofrece pasos básicos de solución. Utiliza aprendizaje incremental para añadir nuevos problemas y soluciones según las interacciones.

```python
from sklearn.feature_extraction.text import
CountVectorizer
from sklearn.naive_bayes import MultinomialNB
import json

# Base de datos inicial
data = [
```

```
    {"input": "Mi computadora no enciende", "response":
"Revisa si está conectada a la corriente o si la batería
está cargada."},
    {"input": "Mi computadora está muy lenta",
"response": "Intenta cerrar programas innecesarios o
reiniciar tu equipo."},
    {"input": "La pantalla está negra", "response":
"Verifica la conexión del monitor y asegúrate de que está
encendido."},
]
user_logs = {}

# Configuración del modelo
vectorizer = CountVectorizer()
inputs = [entry["input"] for entry in data]
responses = [entry["response"] for entry in data]
X = vectorizer.fit_transform(inputs)
model = MultinomialNB()
y = list(range(len(inputs)))
model.fit(X, y)

# Funciones auxiliares
def add_new_issue(user_input, new_response):
    data.append({"input": user_input, "response":
new_response})
    inputs.append(user_input)
    responses.append(new_response)

    # Reentrenar modelo
    global X, model
    X = vectorizer.fit_transform(inputs)
    y = list(range(len(inputs)))
    model.fit(X, y)

def save_user_log(user, issue):
    if user not in user_logs:
        user_logs[user] = []
    user_logs[user].append(issue)
```

```python
def show_user_logs(user):
    if user in user_logs and user_logs[user]:
        return f"Historial de problemas reportados: {',
'.join(user_logs[user])}"
    else:
        return "No tienes problemas reportados
registrados."

# Chatbot interactivo
def tech_support_chatbot():
    print("¡Hola! Soy tu asistente técnico. Escribe
'salir' para terminar.")
    user_name = input("Por favor, dime tu nombre:
").strip()
    print(f"¡Encantado de ayudarte, {user_name}!")

    while True:
        user_input = input("Tú: ").strip()
        if user_input.lower() in ["salir", "adiós",
"exit"]:
            print("Chatbot: ¡Espero haberte ayudado!
Hasta pronto.")
            break

        # Intentar encontrar una respuesta
        user_vector = vectorizer.transform([user_input])
        try:
            response_idx = model.predict(user_vector)[0]
            response = responses[response_idx]
            print(f"Chatbot: {response}")

            # Guardar problema reportado en el historial
del usuario
            save_user_log(user_name, user_input)

        except:
```

```
        print("Chatbot: No estoy seguro de cómo
responder eso. ¿Quieres enseñarme?")
        new_response = input("Por favor, dime cómo
debería responder a eso: ").strip()
        add_new_issue(user_input, new_response)
        print("Chatbot: ¡Gracias! Ahora sé cómo
ayudarte mejor.")

      # Ofrecer historial de problemas reportados
      if user_input.lower() == "historial":
        logs = show_user_logs(user_name)
        print(f"Chatbot: {logs}")

# Ejecutar el chatbot
tech_support_chatbot()
```

Características del Chatbot:
1. Base de conocimientos predefinida:
   o Contiene respuestas a problemas técnicos básicos, como errores de encendido, lentitud, y pantallas negras.
2. Aprendizaje incremental:
   o Los usuarios pueden enseñar al chatbot nuevas preguntas y respuestas, lo que enriquece la base de datos y mejora su utilidad.
3. Historial de problemas reportados:
   o Guarda un registro de los problemas que el usuario ha reportado para facilitar el seguimiento o referencias futuras.

```
Ejemplo de Interacción:
   1. Usuario:
Mi computadora no enciende.
Chatbot:
Revisa si está conectada a la corriente o si la batería
está cargada.
   2. Usuario:
La pantalla parpadea.
Chatbot:
```

No estoy seguro de cómo responder eso. ¿Quieres enseñarme?

3. Usuario:

Sí, verifica la conexión del cable de video y prueba con otro monitor.

Chatbot:

¡Gracias! Ahora sé cómo ayudarte mejor.

4. Usuario:

Historial.

Chatbot:

Historial de problemas reportados: Mi computadora no enciende, La pantalla parpadea.

Mejoras avanzadas:

1. Segmentación de problemas: Organiza los problemas por categorías como hardware, software, y red.
2. Recomendaciones preventivas: Basado en el historial del usuario, ofrece consejos para evitar problemas comunes.
3. Integración con bases de datos externas: Conectar el chatbot a fuentes confiables para obtener información técnica actualizada.

Este ejercicio proporciona un chatbot técnico más avanzado que combina capacidades de aprendizaje incremental y registro de interacciones del usuario.

Ejercicio 115: Chatbot para Planificación de Itinerarios de Viaje

Descripción: Este chatbot ayuda al usuario a planificar un itinerario de viaje, proporcionando recomendaciones para destinos, actividades, y alojamientos según las preferencias del usuario. Aprende nuevas sugerencias de los usuarios y guarda sus itinerarios.

```
from sklearn.feature_extraction.text import CountVectorizer
from sklearn.naive_bayes import MultinomialNB
import json
```

```python
# Base de datos inicial
data = [
    {"input": "Recomiéndame un destino de playa",
"response": "Te recomiendo Cancún, México. Es ideal para
disfrutar de la playa y actividades acuáticas."},
    {"input": "¿Qué puedo hacer en Nueva York?",
"response": "Puedes visitar la Estatua de la Libertad,
Times Square y Central Park."},
    {"input": "¿Dónde puedo alojarme en París?",
"response": "Te sugiero buscar hoteles cerca de la Torre
Eiffel o en el Barrio Latino."},
]
user_itineraries = {}

# Configuración del modelo
vectorizer = CountVectorizer()
inputs = [entry["input"] for entry in data]
responses = [entry["response"] for entry in data]
X = vectorizer.fit_transform(inputs)
model = MultinomialNB()
y = list(range(len(inputs)))
model.fit(X, y)

# Funciones auxiliares
def add_new_suggestion(user_input, new_response):
    data.append({"input": user_input, "response":
new_response})
    inputs.append(user_input)
    responses.append(new_response)

    # Reentrenar modelo
    global X, model
    X = vectorizer.fit_transform(inputs)
    y = list(range(len(inputs)))
    model.fit(X, y)

def save_itinerary(user, activity):
```

```python
        if user not in user_itineraries:
            user_itineraries[user] = []
        user_itineraries[user].append(activity)

def show_itinerary(user):
    if user in user_itineraries and
user_itineraries[user]:
        return f"Tu itinerario incluye: {',
'.join(user_itineraries[user])}"
    else:
        return "Aún no tienes un itinerario planeado."

# Chatbot interactivo
def travel_planner_chatbot():
    print("¡Hola! Soy tu asistente de viaje. Escribe
'salir' para terminar.")
    user_name = input("¿Cuál es tu nombre? ").strip()
    print(f"¡Encantado de ayudarte a planificar tu viaje,
{user_name}!")

    while True:
        user_input = input("Tú: ").strip()
        if user_input.lower() in ["salir", "adiós",
"exit"]:
            print("Chatbot: ¡Espero haberte ayudado a
planificar tu aventura! Hasta pronto.")
            break

        # Intentar encontrar una respuesta
        user_vector = vectorizer.transform([user_input])
        try:
            response_idx = model.predict(user_vector)[0]
            response = responses[response_idx]
            print(f"Chatbot: {response}")

            # Guardar actividad en el itinerario
            save_itinerary(user_name, response)
```

```
        except:
            print("Chatbot: No tengo información sobre
eso. ¿Quieres enseñarme?")
            new_response = input("Por favor, dime cómo
debería responder a eso: ").strip()
            add_new_suggestion(user_input, new_response)
            print("Chatbot: ¡Gracias! Ahora puedo
recomendarlo a otros viajeros.")

        # Mostrar el itinerario del usuario
        if user_input.lower() == "itinerario":
            itinerary = show_itinerary(user_name)
            print(f"Chatbot: {itinerary}")

# Ejecutar el chatbot
travel_planner_chatbot()
```

Características del Chatbot:
1. Sugerencias predefinidas:
    o Responde a preguntas comunes sobre destinos,
       actividades y alojamientos.
2. Aprendizaje incremental:
    o Los usuarios pueden enseñar nuevas recomendaciones al
       chatbot para enriquecer la experiencia.
3. Itinerario personalizado:
    o Guarda actividades y sugerencias en un itinerario único
       para cada usuario.

```
Ejemplo de Interacción:
    1. Usuario:
Recomiéndame un destino de playa.
Chatbot:
Te recomiendo Cancún, México. Es ideal para disfrutar de
la playa y actividades acuáticas.
    2. Usuario:
¿Qué puedo hacer en Tokio?
No tengo información sobre eso. ¿Quieres enseñarme?
    3. Usuario:
```

Sí, puedes visitar la Torre de Tokio y el mercado de
Tsukiji.
Chatbot:
¡Gracias! Ahora puedo recomendarlo a otros viajeros.
    4. Usuario:
Itinerario.
Chatbot:
Tu itinerario incluye: Te recomiendo Cancún, México. Es
ideal para disfrutar de la playa y actividades acuáticas.

Mejoras futuras:
  1. Integración con APIs de viajes:
     o Conexión con plataformas como Google Maps o
       Booking.com para obtener datos en tiempo real.
  2. Optimización del itinerario:
     o Agregar la capacidad de organizar actividades por prioridad
       o tiempo disponible.
  3. Sugerencias locales:
     o Ofrecer recomendaciones específicas basadas en la
       ubicación actual del usuario.
Este ejercicio proporciona un chatbot más complejo que no solo responde,
sino que crea una experiencia personalizada para los usuarios interesados en
planificar viajes.

www.ingramcontent.com/pod-product-compliance
Lightning Source LLC
LaVergne TN
LVHW022339060326
832902LV00022B/4135